Dr. Oetker

Asiatisch kochen

WILHELM HEYNE VERLAG
MÜNCHEN

Asiatisches Essen ist mittlerweile ein fester Bestandteil unserer Esskultur geworden. Dabei umfasst die asiatische Küche mehr als nur den China-Imbiss. Ob thailändisch, indisch oder japanisch – viele Rezepte lassen sich auch in der heimischen Küche nachkochen.

Mit ein paar frischen Zutaten aus dem Asialaden, vom Markt und aus dem Vorratsschrank kann man im Handumdrehen typisch asiatische Gerichte zaubern.

Klassisch sind Wan-Tan-Suppe und Geflügelsaté. Oder mal ein Curry, z. B. Rindfleisch-Kokos-Curry oder Thai-Hähnchen-Curry?

Und selbst Sushi lässt sich mit ein bisschen Übung schnell zubereiten und beeindruckt nicht nur Ihre Gäste.

Als süßen Abschluss versuchen Sie mal Ananas in Backteig oder Mangogelee in Zitronen-Sternanis-Sirup.

Alle Rezepte wurden von uns getestet und so beschrieben, dass sie auch von Kochanfängern problemlos zubereitet werden können.

Gemüseeintopf mit Kokos und Curry

2 Portionen – vegetarisch

½ Stange Porree (Lauch)

1 Möhre

100 g Zuckerschoten

½ rote Paprikaschote

1 Stange Staudensellerie

2 EL Speiseöl,
  z. B. Sonnenblumenöl

1 EL Currypulver

500 ml Gemüsebrühe

250 ml Kokosmilch

Salz

¼ TL Chiliflocken

50 g Sojasprossen

4 Stängel Thai-Basilikum oder
  Koriander

2 EL geröstete, gesalzene
  Erdnüsse

Zubereitungszeit: 30 Minuten
Garzeit: etwa 10 Minuten

1_ Porreehälfte putzen, gründlich waschen und abtropfen lassen. Porree in feine Streifen schneiden. Möhre putzen, schälen, abspülen, abtropfen lassen und in dünne Scheiben schneiden. Die Zuckerschoten abspülen, abtropfen lassen und evtl. halbieren.

2_ Paprikahälfte entstielen, entkernen und die weißen Scheidewände entfernen. Schotenhälfte abspülen, abtropfen lassen und in kleine Würfel schneiden.

3_ Staudensellerie putzen und die harten Außenfäden abziehen. Sellerie abspülen und abtropfen lassen. Den Sellerie ebenfalls in kleine Würfel schneiden.

4_ Speiseöl in einem Topf erhitzen. Das vorbereitete Gemüse darin unter Rühren andünsten. Mit Curry bestreuen und unterrühren. Gemüse-brühe und Kokosmilch unterrühren. Die Zutaten zum Kochen bringen und mit etwas Salz würzen.

5_ Den Eintopf zugedeckt etwa 10 Minuten bei mittlerer Hitze kochen. Den Eintopf mit Salz und Chili abschmecken.

6_ Sojasprossen auf ein Sieb geben, kurz abspülen und abtropfen lassen. Sojasprossen in den Eintopf geben und kurz miterwärmen.

7_ Kräuter abspülen und trocken tupfen. Die Blättchen von den Stängeln zupfen. Den Gemüseeintopf evtl. nochmals mit den Gewürzen abschmecken, mit Erdnüssen und Kräuterblättchen garnieren und servieren.

Pro Portion: E: 11 g, F: 40 g, Kh: 16 g, kJ: 1952, kcal: 470, BE: 0,5

Tom Yum Gung (Sauer-scharfe thailändische Suppe)

4 Portionen – für Gäste

4 Stangen Zitronengras

½ EL schwarze Pfefferkörner

40 g Galgant oder Ingwer

9 Stängel Koriander

1 l Hühnerbrühe

4 Kaffir-Limettenblätter

300 g Garnelen (entdarmt,
   ohne Kopf und Schale)

175 g kleine, weiße
   Champignons

75 g abgetropfte Bambus-
   sprossen (aus dem Glas)

250 g Cocktailtomaten

½–1 rote Chilischote

3 EL Limettensaft

Salz

Zubereitungszeit: **30 Minuten**
Garzeit: **etwa 50 Minuten**

1_ Zitronengras abspülen, trocken tupfen und faserig platt klopfen. Die Pfefferkörner im Mörser grob zerstoßen. Galgant oder Ingwer schälen, etwa zwei Drittel davon in Scheiben schneiden. Koriander abspülen und trocken tupfen.

2_ Hühnerbrühe mit Galgant- oder Ingwerscheiben, Zitronengras, Pfeffer und 5 Korianderstängeln in einem Topf zum Kochen bringen und etwa 20 Minuten bei schwacher Hitze köcheln lassen.

3_ Anschließend die Brühe durch ein feines Sieb in einen Topf gießen. Die Kaffirblätter einmal anreißen und in die Brühe geben, dann das Ganze nochmals etwa 30 Minuten zugedeckt ziehen lassen.

4_ Garnelen kalt abspülen und trocken tupfen. Champignons putzen, evtl. abspülen, abtropfen lassen, einmal durchschneiden.

5_ Bambussprossen in schmale Streifen schneiden. Tomaten abspülen, abtropfen lassen, halbieren und dabei die Stängelansätze herausschneiden.

6_ Chilischote entstielen, abspülen, abtropfen lassen und in dünne Ringe schneiden. Von den restlichen Korianderstängeln die Blättchen abzupfen und grob hacken.

7_ Garnelen, Champignons, Tomaten, Chiliringe und Bambussprossen in die Suppe geben. Die Suppe bei schwacher Hitze langsam aufkochen lassen. Den Limettensaft dazugeben und die Suppe mit Salz abschmecken. Die Suppe in 4 Schalen anrichten und mit Koriandergrün bestreuen.

Pro Portion: E: 18 g, F: 2 g, Kh: 4 g, kJ: 424, kcal: 101, BE: 0,0

Misosuppe mit Schweinefleisch und Gemüse

4 Portionen – mit Alkohol

200 g Schweinefilet
  (ohne Haut und Sehnen)

2 EL Sojasauce

2 EL Mirin (japanischer Reiswein)

5 g Katsuo Dashi No Moto
  (1 Tütchen, Dashi-Konzentrat-
  Pulver, erhältlich im Asialaden)

1 l heißes Wasser

75 g abgetropfte Bambus-
  schösslinge (aus der Dose)

200 g Möhren

100 g Shiitakepilze

50 g Frühlingszwiebeln

3 EL Speiseöl, z. B. Maiskeimöl

3 geh. EL helle Misopaste
  (Shiro Miso, japanische
  Bohnenpaste, erhältlich im
  Asialaden)

Salz

Zubereitungszeit: **35 Minuten**

1_ Das Schweinefilet mit Küchenpapier trocken tupfen und in etwa ½ cm dicke Scheiben schneiden. Die Filetscheiben mit Sojasauce und Mirin mischen. Das Dashi-Konzentrat-Pulver sorgfältig in dem Wasser auflösen.

2_ Die Bambusschösslinge auf einem Sieb abspülen, abtropfen lassen und in feine Streifen schneiden. Möhren putzen, schälen, abspülen und abtropfen lassen. Die Möhren in etwa 7 cm lange, feine Streifen schneiden.

3_ Von den Shiitakepilzen die Stängel abschneiden. Shiitakepilzköpfe in dünne Scheiben schneiden. Die Frühlingszwiebeln putzen, abspülen, abtropfen lassen und schräg in dünne Scheiben schneiden.

4_ Speiseöl in einem Topf erhitzen. Möhrenstreifen, Shiitake- und Schweinefiletscheiben darin unter ständigem Rühren etwa 2 Minuten andünsten.

5_ Die Dashibrühe hinzugießen und zum Kochen bringen. Die Bambus-streifen hinzugeben. Die Suppe etwa 3 Minuten kochen lassen. Dabei die Suppe gut abschäumen.

6_ Den Topf von der Kochstelle nehmen. Die Misopaste unter die Suppe rühren. Die Frühlingszwiebelscheiben hinzugeben. Die Suppe evtl. mit Salz nachwürzen und heiß servieren.

Tipp: Dashi-Konzentrat-Pulver ist eine Suppengrundlage, die sich aus verschiedenen Zutaten zusammensetzen kann. Dashi No Moto besteht unter anderem aus Bonito-Flocken (Bonito ist eine Thunfisch-art) und Salz.

Pro Portion: E: 14 g, F: 9 g, Kh: 9 g, kJ: 735, kcal: 175, BE: 0,5

Sauer-scharfe Nudel-Fischklößchen-Suppe

4 Portionen – etwas Besonderes

60 g Ingwer

250 g Pangasiusfilet

1 Eiswürfel

1 EL Speisestärke

1 EL Fischsauce

150 g Pak-Choi-Stauden
  (Chinesischer Senfkohl)

100 g Frühlingszwiebeln

½–1 rote Chilischote

125 g feine Reis- oder
  Glasnudeln

1 l Hühnerbrühe

3 EL Reisessig

Salz

6 Stängel Koriander

Zubereitungszeit: **45 Minuten**

1_ Den Ingwer schälen und fein reiben. Das Fischfilet kalt abspülen und mit Küchenpapier trocken tupfen. Fischfilet in etwa 2 cm große Würfel schneiden.

2_ Die Fischfiletwürfel mit der Hälfte des Ingwers, dem Eiswürfel, der Speisestärke und Fischsauce im Blitzhacker sehr fein pürieren. Aus der Masse mit leicht angefeuchteten Händen 24 glatte Klößchen formen.

3_ Pak Choi putzen und in einzelne Blätter teilen. Die Blätter abspülen und abtropfen lassen. Frühlingszwiebeln putzen, abspülen, abtropfen lassen und schräg in dünne Scheiben schneiden. Die Chilischote entstielen, abspülen, abtropfen lassen und in feine Ringe schneiden.

4_ Die Reis- oder Glasnudeln nach Packungsanleitung zubereiten und gut abtropfen lassen.

5_ In der Zwischenzeit die Hühnerbrühe mit Chili, restlichem Ingwer und Reisessig in einem Topf aufkochen. Die Fischklößchen hineingeben und bei schwacher Hitze in etwa 8 Minuten gar ziehen lassen (dabei sollte die Suppe nur noch leicht vor sich hin köcheln).

6_ Pak Choi und Frühlingszwiebelscheiben in die Suppe geben und etwa 1 Minute mitgaren. Die Suppe evtl. mit Salz abschmecken. Koriander abspülen und trocken tupfen. Die Blättchen von den Stängeln zupfen. Die Blättchen grob zerschneiden.

7_ Die Nudeln in 4 Suppenschälchen verteilen und mit der Suppe auffüllen. Mit Koriander bestreut servieren.

Tipp: Vorzugsweise werden in der asiatischen Küche Reis- oder Glasnudeln verwendet, da diese besonders kurze Gar- bzw. Quellzeiten haben.

Pro Portion: E: 11 g, F: 2 g, Kh: 34 g, kJ: 839, kcal: 200, BE: 2,5

Puten-Ramen mit Miso (Nudelsuppe japanischer Art)

4 Portionen – für Gäste

300 g Putenbrustfilet

125 g Shiitakepilze

150 g Chinakohl

50 g Baby-Spinatblätter

½ Blatt getrocknete Norialgen
  (erhältlich im Asialaden oder
  in Spezialitätenabteilungen
  von Supermärkten)

2 hart gekochte Eier

150 g Ramen
  (japanische Eiernudeln)

2 EL Speiseöl, z. B. Maiskeimöl

Salz

½ rote, geputzte Chilischote,
  in feine Ringe geschnitten

1 ¼ l Hühnerbrühe

3 EL Sojasauce

2 gut geh. EL Genmai-Miso
  (dunkles Miso, japanische
  Würzpaste aus Reis und Sojabohnen)

Zubereitungszeit: **40 Minuten**

1_ Das Putenbrustfilet kalt abspülen, trocken tupfen und in etwa 1 cm dicke, kleine Schnitzel schneiden.

2_ Von den Shiitakepilzen die Stängel abschneiden. Shiitakepilzköpfe einmal halbieren. Chinakohl putzen. Den Kohl vierteln und den Strunk herausschneiden. Kohl abspülen, abtropfen lassen und in mundgerechte Stücke schneiden.

3_ Spinat verlesen, putzen, abspülen und gut abtropfen lassen. Das Noriblatt mit einer Küchenschere in etwa 2 x 8 cm große Streifen schneiden. Die Eier pellen und längs halbieren.

4_ Die Nudeln nach Packungsanleitung kochen, abgießen und abtropfen lassen, evtl. zugedeckt warm stellen. Inzwischen das Speiseöl in einer Pfanne erhitzen. Die Putenschnitzel leicht salzen und darin von jeder Seite etwa 2 Minuten bei starker Hitze braten. Dann die Putenschnitzel aus der Pfanne nehmen.

5_ Die Chiliringe mit der Hühnerbrühe und Sojasauce in einen Topf geben. Die Brühe zum Kochen bringen. Shiitakepilze, Chinakohl und Putenschnitzel hineingeben, etwa 2 Minuten köcheln lassen. Den Topf von der Kochstelle nehmen. Das Miso mit etwas heißer Brühe glatt rühren und dann in die Suppe rühren.

6_ Die noch heißen Nudeln in 4 Suppenschalen verteilen und die Spinatblätter mit den Eierhälften darauflegen. Die heiße Brühe darauf verteilen und die Norialgen daraufstreuen. Die Suppe sofort servieren.

Tipp: Es gibt eine helle sowie eine dunkle Misopaste. Diese Würzpaste ist eine beliebte Suppengrundlage und wird als Würzmittel für verschiedene Gerichte verwendet. Es wird aus milchsauren, fermentierten Sojabohnen und evtl. Reis, Weizen oder Gerste hergestellt.

Pro Portion: E: 30 g, F: 6 g, Kh: 32 g, kJ: 1281, kcal: 306, BE: 2,5

Wan-Tan-Suppe

4 Portionen – klassisch

Für die Füllung:

100 g Hähnchenbrustfilet
½ kleine Möhre
1 Frühlingszwiebel
1 Ei (Größe M)
1 TL Sesamöl
1 EL Weizenmehl
½ TL fein gehackter Ingwer
2 Prisen Salz
2 Prisen gemahlener Pfeffer

10 Wan-Tan-Teigblätter
(etwa 10 x 10 cm, erhältlich
im Asialaden)
1 l Wasser
1 Handvoll Baby-Blattspinat
1 l Hühnerbrühe
Zucker
etwa 1 TL Sesamöl

Zubereitungszeit: **30 Minuten**
Garzeit: **etwa 10 Minuten**

1_ Für die Füllung das Hähnchenbrustfilet kalt abspülen, trocken tupfen, klein schneiden und im Mixer zerkleinern.

2_ Möhre putzen, schälen, abspülen, abtropfen lassen und in sehr feine Stifte schneiden. Frühlingszwiebel putzen, abspülen, abtropfen lassen und halbieren. Eine Hälfte fein hacken und die andere Hälfte beiseitelegen. Das Ei verschlagen und teilen.

3_ Das Hähnchenfleischpüree mit ½ Ei, Möhrenstiften, fein gehackten Frühlingszwiebeln, Sesamöl, Weizenmehl, Ingwer, Salz und Pfeffer gut vermischen.

4_ Die Wan-Tan-Teigblätter ausbreiten. Jeweils nacheinander 1 Teelöffel der Hähnchenfleischfüllung in die Mitte einer Teigplatte geben. Das restliche ½ Ei verschlagen. Die Ränder der Wan-Tan-Blätter damit bestreichen. Die sich gegenüberliegenden Ecken aufeinander und fest um die Füllung herum zudrücken, sodass die Füllung ganz vom Teig umschlossen ist.

5_ Das Wasser in einem Topf zum Kochen bringen. Die Wan Tans hineingeben und etwa 10 Minuten bei mittlerer Hitze garen. Danach die Wan Tans in eine Suppenterrine legen.

6_ Blattspinat abspülen, gut abtropfen lassen und die Stiele entfernen. Die beiseitegelegte Frühlingszwiebelhälfte in ganz feine Scheiben schneiden und mit dem Blattspinat in die Suppenterrine geben.

7_ Die Hühnerbrühe zum Kochen bringen und mit Salz, Pfeffer und Zucker abschmecken. Die Hühnerbrühe über die Wan Tans in die Suppenterrine gießen. Die Suppe mit etwas Sesamöl abschmecken, servieren.

Tipp: Statt Spinatblätter können Sie auch etwa 200 g in feine Streifen geschnittenen Chinakohl mit in die Suppe geben. Diese dann mit der Hühnerbrühe aufkochen.

Pro Portion: E: 11 g, F: 4 g, Kh: 16 g, kJ: 600, kcal: 143, BE: 1,5

Gemüsesuppe mit Glasnudeln und Bambussprossen

2–3 Portionen – raffiniert – Titelrezept

1 Zwiebel

10 g Ingwer

400 g Möhren

1 Stange Porree
   (Lauch, etwa 200 g)

1 rote Paprikaschote
   (etwa 200 g)

½ Sellerieknolle (etwa 200 g)

300 g Chinakohl

50 g Glasnudeln

1–2 EL Speiseöl

750 ml Gemüsebrühe

100 g abgetropfte Bambus-
   sprossen (aus dem Glas)

2–3 TL Sojasauce

Salz

gemahlener Pfeffer

½ TL China-Gewürzzubereitung

Zubereitungszeit: **40 Minuten**

1_ Zwiebel abziehen und würfeln. Ingwer schälen und fein würfeln. Die Möhren schälen, putzen, abspülen, abtropfen lassen und dann schräg in dünne Scheiben schneiden. Porree putzen, die Stange längs halbieren, gründlich waschen und abtropfen lassen. Den Porree in feine Streifen schneiden. Paprikaschote halbieren, entstielen, entkernen und die weißen Scheidewände entfernen. Schote abspülen, abtropfen lassen und in schmale Streifen schneiden.

2_ Sellerie putzen, schälen, abspülen, abtropfen lassen und in Rauten schneiden. Dafür den Sellerie zuerst in dünne Scheiben schneiden, dann jede Scheibe schräg und längs in etwa 1 ½ cm breite Stücke schneiden.

3_ Chinakohl putzen, abspülen, abtropfen lassen und in schmale Streifen schneiden.

4_ Die Glasnudeln nach Packungsanleitung zubereiten und in mund-gerechte Stücke schneiden.

5_ Speiseöl in einem Topf erhitzen und Zwiebel- und Ingwerwürfel darin andünsten. Möhrenscheiben, Porree-, Paprikastreifen und Sellerierauten hinzufügen und mit andünsten. Die Brühe hinzugießen. Die Zutaten zum Kochen bringen und zugedeckt etwa 5 Minuten garen.

6_ Chinakohlstreifen und Sprossen zur Suppe geben und alles weitere 3–5 Minuten garen, dabei gelegentlich umrühren. Die Glasnudeln unterrühren. Die Suppe vor dem Servieren mit Sojasauce, Salz, Pfeffer und China-Gewürzzubereitung abschmecken.

Tipp: Etwas schärfer wird die Gemüsesuppe mit einer in dünne Ringe geschnittenen roten oder grünen Chilischote, die ebenfalls kurz vor Ende der Garzeit dazugegeben wird. In der chinesischen Küche wird oftmals das Gemüse besonders geschnitten (ganz feine Streifen, Rauten, o. ä.). Wer dafür keine Zeit und Muße hat, schneidet für dieses Rezept das Gemüse gewöhnlich in mundgerechte Stücke, evtl. dann die Garzeit um etwa 2 Minuten verlängern.

Pro Portion: E: 8 g, F: 8 g, Kh: 36 g, kJ: 1047, kcal: 250, BE: 2,5

Scharfe China-Suppe

4 Portionen – schnell

1 Entenbrust (etwa 350 g)

1 TL Currypulver

30 g Ingwer

1 l Gemüsebrühe

1 Stange Porree (Lauch)

1 rote Paprikaschote

170 g abgetropfte Champignons
(aus dem Glas)

200 g frische Ananaswürfel

100 g abgetropfte Bambus-
sprossen, in Streifen
(aus dem Glas)

100 g abgetropfte Sojasprossen
(aus dem Glas)

50 g Glasnudeln

1 EL Speisestärke

2–3 EL Sojasauce

1 TL Sambal Oelek

Zubereitungszeit: **30 Minuten**

1_ Die Entenbrust kalt abspülen und mit Küchenpapier trocken tupfen. Die Haut von der Entenbrust abschneiden. Das Entenbrustfleisch in feine Streifen schneiden.

2_ Die Haut in einem großen Topf ausbraten und herausnehmen. Dann die Entenfleischstreifen in dem Topf unter Rühren anbraten und mit Curry bestreuen. Ingwer schälen, fein würfeln und dazugeben.

3_ Brühe hinzugießen und aufkochen. Porree putzen. Die Stange längs halbieren, gründlich waschen und abtropfen lassen. Porree in feine Streifen schneiden.

4_ Paprikaschote halbieren, entstielen, entkernen und die weißen Scheide-wände entfernen. Schotenhälften abspülen, abtropfen lassen und in sehr kleine Würfel schneiden.

5_ Porreestreifen, Paprikawürfel, Champignons, Ananaswürfel, Bambus- und Sojasprossen in die Suppe geben.

6_ Die Glasnudeln nach Packungsanleitung zubereiten. Speisestärke mit Sojasauce verrühren, in die Suppe rühren, aufkochen lassen und 2–3 Minuten köcheln lassen.

7_ Die Suppe mit Sambal Oelek abschmecken. Die Glasnudeln in mund-gerechte Stücke schneiden und vor dem Servieren in die Suppe geben.

Tipp: Sambal Oelek ist eine Chili-Würz-Paste. Sie ist feurig-scharf und sollte vorsichtig, in kleinen Mengen verwendet werden.

Pro Portion: E: 22 g, F: 15 g, Kh: 27 g, kJ: 1382, kcal: 329, BE: 2,0

Chinesische Pilz-Gemüse-Suppe

4 Portionen – raffiniert

10–12 getrocknete Shiitakepilze

10 g getrocknete Mu-err-Pilze

1 große Hähnchenbrust
  (mit Knochen, etwa 400 g)

1 kleines Stück Ingwer

2 Knoblauchzehen

1 rote Chilischote

1–2 EL Misopaste (für Brühe,
  erhältlich im Asialaden)

1 l heißes Wasser

150 g Mie-Nudeln
  (asiatische Instant-Nudeln)

150 g braune Champignons

2 Möhren

150 g TK-Erbsen

2 Frühlingszwiebeln

½ Bio-Zitrone

Sojasauce oder Salz

einige Kerbelblättchen

Zubereitungszeit: **30 Minuten,
ohne Einweichzeit**
Garzeit: **etwa 30 Minuten**

1_ Shiitakepilze und Mu-err-Pilze nach Packungsanleitung einweichen. Anschließend die Pilze abtropfen lassen. Pilze evtl. putzen und etwas kleiner schneiden.

2_ Hähnchenbrust kalt abspülen und trocken tupfen. Ingwer schälen. Knoblauch abziehen. Ingwer und Knoblauch in sehr kleine Würfel schneiden.

3_ Chilischote entstielen, entkernen, abspülen, abtropfen lassen und in dünne Ringe schneiden.

4_ Die Misopaste in einem Topf im heißen Wasser auflösen. Die Knoblauch-, Ingwerwürfel und Chiliringe hinzugeben und zum Kochen bringen. Hähnchenbrust und die Mu-err-Pilze hinzufügen, wieder zum Kochen bringen und etwa 25 Minuten bei schwacher Hitze kochen lassen.

5_ In der Zwischenzeit Nudeln nach Packungsanleitung zubereiten, abgießen und auf einem Sieb gut abtropfen lassen. Champignons putzen, evtl. kurz abspülen und trocken tupfen. Champignons in kleine Stücke schneiden.

6_ Hähnchenbrust und Mu-err-Pilze aus der Brühe nehmen. Die Brühe durch ein Sieb in einen anderen Topf gießen.

7_ Möhren putzen, schälen, abspülen, abtropfen lassen und in feine Stifte schneiden. Pilzstücke, Möhrenstifte und gefrorene Erbsen in die heiße Brühe geben, zum Kochen bringen und etwa 5 Minuten garen.

8_ Frühlingszwiebeln putzen, abspülen, abtropfen lassen und in sehr feine Scheiben schneiden. Zitrone heiß abwaschen, abtrocknen, halbieren und in Scheiben schneiden. Die Hähnchenbrust von der Haut und den Knochen lösen. Fleisch klein schneiden. Nudeln, Fleischstücke, Frühlingszwiebel- und Zitronenscheiben in die Suppe geben, nochmals kurz erhitzen. Die Suppe mit Sojasauce oder Salz abschmecken.

9_ Die Suppe in Suppentassen füllen und mit abgespülten und trocken getupften Kerbelblättchen garniert servieren.

Pro Portion: E: 24 g, F: 8 g, Kh: 43 g, kJ: 1384, kcal: 329, BE: 3,5

Süßsaure Gemüsesuppe

4 Portionen – für Gäste

1 rote Peperoni
1 kleines Stück Ingwer
je 1 rote und grüne
  Paprikaschote
1 kleine Stange Porree (Lauch)
650 g Blumenkohl
400 g Möhren
1 Kohlrabi
2–3 EL Apfelessig
2 EL Sojasauce
etwa 120 g passierte Tomaten
  (Tetrapak)
2 EL brauner Zucker
1 gestr. EL Speisestärke
750 ml Gemüsebrühe
3 EL Sojaöl
8 Maiskölbchen
  (aus dem Glas)
Salz
gemahlener Pfeffer
Zucker

Zubereitungszeit: 50 Minuten

1_ Peperoni halbieren, entstielen, entkernen, abspülen, trocken tupfen und in feine Streifen schneiden. Ingwer schälen und fein würfeln. Paprikaschoten halbieren, entstielen, entkernen und die weißen Scheidewände entfernen. Schotenhälften abspülen, abtropfen lassen und in schmale Streifen schneiden.

2_ Porree putzen, die Stange längs halbieren, gründlich waschen und abtropfen lassen. Porreestange in feine Streifen schneiden. Blumenkohl putzen und den Strunk abschneiden. Blumenkohl in kleine Röschen teilen, abspülen und abtropfen lassen. Möhren putzen, schälen, abspülen, gut abtropfen lassen und in dünne Streifen schneiden. Kohlrabi schälen, abspülen und abtropfen lassen. Den Kohlrabi vierteln und in dünne Scheiben schneiden.

3_ Zwei Esslöffel Apfelessig mit Sojasauce, passierten Tomaten und braunem Zucker in einer Schüssel verrühren. Getrennt davon Speisestärke mit Brühe anrühren.

4_ Einen Esslöffel des Sojaöls in einem Wok erhitzen. Peperonistreifen, Ingwerwürfel, Paprika- und Porreestreifen darin etwa 2 Minuten unter Rühren anbraten. Das Gemüse herausnehmen.

5_ Wieder 1 Esslöffel des restlichen Sojaöls in dem Wok erhitzen. Blumenkohlröschen darin etwa 3 Minuten unter Rühren anbraten und herausnehmen. Restliches Sojaöl in dem Wok erhitzen. Die Möhrenstreifen und Kohlrabischeiben darin etwa 3 Minuten anbraten. Das ganze angebratene Gemüse und die Maiskölbchen wieder in den Wok geben, vermischen und kurz weiterbraten.

6_ Die Essig-Soja-Tomaten-Mischung mit der angerührten Brühe unterrühren. Die Zutaten zum Kochen bringen und zugedeckt 5–8 Minuten bei schwacher Hitze kochen lassen. Die Gemüsesuppe mit Salz, Pfeffer, 1 Esslöffel Apfelessig und Zucker süßsauer abschmecken.

Pro Portion: E: 7 g, F: 9 g, Kh: 25 g, kJ: 886, kcal: 211, BE: 1,0

Thailändischer Fischeintopf

4 Portionen – für Gäste

1 grüne Chilischote
1 rote Chilischote
½ Stängel Zitronengras
20 g Ingwer
2 TL Korianderkörner
1 ½ l Fischfond oder -brühe
400 g Rotbarbenfilet
  (mit Haut)
½ Bund Koriander
400 g gegarte Tintenfischringe
200 g gegarte, geschälte
  Garnelen
350 g gegarter Langkornreis
  (etwa 125 g Rohgewicht)
Sojasauce
Salz
gemahlener Pfeffer

Zubereitungszeit: **35 Minuten**
Garzeit: **etwa 20 Minuten**

1_ Chilischoten halbieren, entstielen und entkernen. Schotenhälften abspülen, trocken tupfen und in kleine Stücke schneiden.

2_ Zitronengras putzen, abspülen, trocken tupfen, evtl. etwas klopfen und in etwa 2 cm lange Stücke schneiden. Ingwer schälen und in Scheiben schneiden. Die Korianderkörner in einem Mörser leicht zerstoßen.

3_ Fischfond oder -brühe mit Zitronengrasstücken, der Hälfte der Chilistreifen, Korianderkörnern und Ingwerscheiben in einen Wok geben, zum Kochen bringen und etwa 15 Minuten bei schwacher Hitze köcheln lassen.

4_ In der Zwischenzeit Rotbarbenfilet kalt abspülen, trocken tupfen und in Stücke schneiden.

5_ Koriander abspülen und trocken tupfen. Die Blättchen von den Stängeln zupfen.

6_ Fond oder Brühe durch ein Sieb gießen, wieder in den Wok geben und aufkochen lassen. Die restlichen Chilistreifen, Rotbarbenstücke, Tintenfischringe, Garnelen und Reis in die Brühe geben. Die Zutaten 5–8 Minuten in der Brühe ziehen lassen.

7_ Den Eintopf mit Sojasauce, Salz und Pfeffer abschmecken. Die Korianderblättchen kurz vor dem Servieren hinzufügen.

Tipp: Beim Entkernen der Chilischoten müssen Sie vorsichtig sein, da die Schoten sehr scharf sind. Nach dem Schneiden am besten die Hände waschen. Nicht in die Augen fassen, da es sehr stark brennt. Wenn Sie kein frisches Zitronengras bekommen, können Sie ersatzweise getrocknetes Zitronengras oder 1 breiten Streifen Zitronenschale von 1 Bio-Zitrone verwenden.

Pro Portion: E: 52 g, F: 4 g, Kh: 29 g, kJ: 1549, kcal: 370, BE: 2,5

Suppe mit Eierblumen

4 Portionen – klassisch – Foto

3 Tomaten
50 g Zuckerschoten
3 Eier (Größe M)
1 l Gemüsebrühe
1 ½ gestr. TL Salz
gemahlener Pfeffer
1 TL Sesamöl

Zubereitungszeit: **25 Minuten**

1_ Die Tomaten kreuzweise einschneiden und mit kochendem Wasser übergießen. Nach 1–2 Minuten herausnehmen und mit kaltem Wasser abschrecken. Tomaten enthäuten, halbieren und die Stängelansätze herausschneiden. Tomaten in Scheiben schneiden.

2_ Zuckerschoten putzen und die Enden abschneiden, evtl. abfädeln. Die Schoten abspülen und abtropfen lassen. Eier verschlagen.

3_ Brühe in einem Wok zum Kochen bringen. Tomatenscheiben hineingeben und aufkochen lassen. Salz, Pfeffer und Sesamöl hinzugeben, nochmals kurz aufkochen lassen und den Wok von der Kochstelle nehmen.

4_ Die verschlagenen Eier langsam in die Suppe einlaufen lassen und warten, bis die Eierblumen nach oben steigen. Dann die Zuckerschoten hineingeben. Die Suppe zugedeckt etwa 1 Minute ziehen lassen.

Pro Portion: E: 7 g, F: 5 g, Kh: 4 g, kJ: 374, kcal: 89, BE: 0,0

Suppe mit Norialgen

4 Portionen – mit Alkohol

400 g Schweinenacken
   (ohne Knochen)
10 g Ingwer
1 ½ l Fleischbrühe
4 Blätter getrocknete Norialgen
   (erhältlich im Asialaden oder
   in Spezialitätenabteilungen
   von Supermärkten)
1 l Wasser
125 ml Reiswein
125 ml Kokosmilch
1 gestr. TL Salz

Zubereitungszeit: **20 Minuten**
Garzeit: **etwa 65 Minuten**

1_ Den Schweinenacken kalt abspülen, trocken tupfen und in mundgerechte kleine Scheiben schneiden. Ingwer schälen und in Scheiben schneiden.

2_ Fleischbrühe in einem Wok zum Kochen bringen. Zuerst Ingwer in die Brühe geben, dann die Fleischscheiben hinzugeben und zugedeckt etwa 60 Minuten köcheln lassen.

3_ In der Zwischenzeit die Norialgenblätter im Wasser 10–20 Minuten einweichen, herausnehmen und abtropfen lassen.

4_ Norialgenblätter, Reiswein, Kokosmilch und Salz zur Suppe geben und unterrühren. Die Suppe weitere etwa 5 Minuten kochen lassen. Suppe sofort servieren.

Pro Portion: E: 21 g, F: 19 g, Kh: 3 g, kJ: 1200, kcal: 287, BE: 0,5

Kürbiscurry mit Reis

4 Portionen – einfach lecker

150 g Basmatireis
225 ml kaltes Wasser
1 gestr. TL Salz
40 g Butter

1 kg Hokkaido-Kürbis
100 g Zwiebeln
½ grüne Chilischote
10 grüne Kardamomkapseln
4 EL Speiseöl, z. B. Maiskeimöl
1 gestr. EL gemahlener Zimt
1 gestr. EL Paprikapulver edelsüß
1 TL braune Senfkörner
1 gestr. EL Currypulver
600 ml ungesüßte Kokosmilch
300 ml Gemüsebrühe
2 EL Zitronensaft
3 Stängel Minze

Zubereitungszeit: **40 Minuten**
Garzeit: **etwa 30 Minuten**

1_ Den Reis in einem Sieb kurz mit lauwarmem Wasser abspülen und gut abtropfen lassen. Den Reis mit Wasser und Salz im offenen Topf bei starker Hitze kochen lassen, bis das Wasser den Reis nicht mehr bedeckt. Die Butter zugeben. Den Reis zugedeckt etwa 15 Minuten bei schwacher Hitze quellen lassen. Dann den Topf von der Kochstelle nehmen und den Reis im geschlossenen Topf warm halten.

2_ In der Zwischenzeit Kürbis abspülen, abtrocknen und halbieren. Kerne und faserigen Innenteil entfernen. Kürbis schälen und in etwa 3 ½ cm große Stücke schneiden. Zwiebeln abziehen und in dünne Spalten schneiden

3_ Chilischote entstielen, entkernen, abspülen, abtropfen lassen und fein würfeln. Kardamomsamen aus den Kapseln lösen und im Mörser fein zerstoßen.

4_ Das Speiseöl in einem weiten Topf erhitzen. Kürbis und Zwiebeln darin unter Wenden bei starker Hitze anbraten. Chili, Kardamomsamen, Zimt, Paprika, Senfkörner und Curry unterrühren und noch etwa 1 weitere Minute braten. Kokosmilch, Brühe und Salz zugeben und unterrühren.

5_ Das Curry im offenem Topf bei starker Hitze etwa 15 Minuten kochen lassen. Dabei ab und zu umrühren. Zitronensaft unterrühren. Minzeblätter von den Stängeln zupfen, abspülen, trocken tupfen und grob schneiden. Das Curry mit Minze bestreut mit dem Reis servieren.

Variante: Wenn Sie Kürbis mögen, dann probieren Sie auch folgendes Kürbiscurryrezept aus. Für ein **indisches Kürbiscurry** Kürbis und Zwiebeln wie im Rezept beschrieben vorbereiten. Den Kürbis in mundgerechte Stücke schneiden, Zwiebeln würfeln. 10 g Ingwer schälen und ebenfalls klein würfeln. 2–3 Esslöffel Speiseöl in einem Topf erhitzen. Je ½ Teelöffel Kurkuma, Kreuzkümmel, Anissamen, Fenchelsamen, Kardamom (alles gemahlen) hinzugeben und unter Rühren einmal aufschäumen lassen. Die Zwiebel- und Ingwerwürfel hinzugeben und etwa 3 Minuten unter Rühren glasig dünsten. Kürbiswürfel hinzufügen und unter Rühren etwa 4 Minuten mitdünsten lassen, mit Salz und etwas Zucker würzen. 480 g geschälte Tomaten (aus der Dose) mit der Flüssigkeit und 250 ml Gemüsebrühe hinzugeben. Kürbiscurry zum Kochen bringen und etwa 30 Minuten bei schwacher Hitze leicht kochen lassen.

Pro Portion: E: 9 g, F: 45 g, Kh: 46 g, kJ: 2620, kcal: 629, BE: 3,5

Thai-Hähnchen-Curry

4 Portionen – gut vorzubereiten

600 g Hähnchenbrustfilet
4–5 EL Sojasauce
1 EL Fischsauce
1 EL brauner Zucker
Salz
250 g Aubergine
450 g Zucchini
3 Frühlingszwiebeln
einige Stängel Koriander
6 EL Speiseöl, z. B. Maiskeimöl
1 TL grüne Currypaste
400 ml Kokosmilch
6 Kaffir-Limettenblätter

Zubereitungszeit: **50 Minuten, ohne Durchziehzeit**

1_ Hähnchenbrustfilet kalt abspülen, trocken tupfen und würfeln.

2_ Drei Esslöffel von der Sojasauce mit Fischsauce, ½ Esslöffel braunem Zucker und etwas Salz verrühren, mit den Hähnchenwürfeln vermischen. Die Hähnchenwürfel zugedeckt in den Kühlschrank stellen und etwa 1 Stunde durchziehen lassen.

3_ Aubergine und Zucchini abspülen, abtrocknen und den Stängelansatz und die Enden abschneiden. Aubergine und Zucchini in mundgerechte Stücke schneiden.

4_ Frühlingszwiebeln putzen, abspülen, abtropfen lassen und in 2 cm lange Stücke schneiden. Koriander abspülen und trocken tupfen. Die Blättchen von den Stängeln zupfen und klein schneiden.

5_ Zwei Esslöffel Speiseöl in einer großen Pfanne erhitzen. Zucchini- und Auberginenstücke evtl. portionsweise darin unter Rühren etwa 1 Minute kräftig anbraten. Das Gemüse mit dem restlichen braunen Zucker und 1 Prise Salz bestreuen. 1–2 Esslöffel der restlichen Sojasauce hinzugeben und verdampfen lassen. Das Gemüse aus der Pfanne nehmen.

6_ Einen Esslöffel Speiseöl in der Pfanne erhitzen. Die Frühlingszwiebelstücke kurz darin anbraten. Die Frühlingszwiebelstücke aus der Pfanne nehmen und zum Gemüse geben.

7_ Wieder 2 Esslöffel Speiseöl in der Pfanne erhitzen. Die Hähnchenwürfel darin bei starker Hitze unter Rühren anbraten. Fleischwürfel ebenfalls aus der Pfanne nehmen.

8_ In einem breiten Topf 1 Esslöffel Speiseöl erhitzen und die grüne Currypaste unterrühren. Koriander hinzugeben und kurz andünsten. Kokosmilch hinzugießen und aufkochen lassen. Die Limettenblätter hinzugeben. Fleischwürfel und Gemüse hinzugeben, zum Kochen bringen und etwa 2 Minuten bei schwacher Hitze kochen lassen, nochmals mit etwas Zucker, evtl. Salz und Sojasauce abschmecken.

Tipp: Das Hähnchencurry kann 1–2 Tage vor dem Servieren zubereitet werden, dann das Curry vollständig erkalten lassen und zugedeckt im Kühlschrank aufbewahren. Vor dem Servieren die Limettenblätter aus dem Curry entfernen.

Pro Portion: E: 41 g, F: 31 g, Kh: 13 g, kJ: 2060, kcal: 496, BE: 1,0

Rendang (Indonesisches Rindercurry)

6 Portionen – für Gäste – dauert länger

100 g Zwiebeln

4 Knoblauchzehen

40 g Ingwer

40 g Galgant

1 rote Chilischote

4 Kaffir-Limettenblätter

1 EL gemahlener Kreuzkümmel

1 EL Kurkuma (Gelbwurz)

1 EL Currypulver (scharf oder
mild, je nach Geschmack)

4 EL Paprikapulver edelsüß

3 EL Speiseöl, z. B. Maiskeimöl

1 kg Gulaschfleisch (vom Rind)

4 EL Speiseöl, z. B. Maiskeimöl

Salz

800 ml ungesüßte Kokosmilch

3 Stangen Zitronengras

200 g Salatgurke

8 Minzeblätter

100 g Krabbenchips (Kroepoek)

4–6 EL Sambal Oelek

Zubereitungszeit: **60 Minuten,
ohne Durchziehzeit**
Garzeit: **80–90 Minuten**

1_ Zwiebeln und Knoblauch abziehen. Ingwer und Galgant schälen. Zwiebeln, Knoblauch, Ingwer und Galgant würfeln. Chilischote entstielen, entkernen, abspülen, abtropfen lassen und kleiner schneiden.

2_ Zwiebel, Knoblauch, Ingwer und Galgant zusammen mit Kaffirblättern, Kreuzkümmel, Kurkuma, Curry- und Paprikapulver und Öl in einem Blitzhacker fein hacken.

3_ Das Gulaschfleisch mit Küchenpapier trocken tupfen, mit der Gewürzpaste in einer Schüssel mischen und zugedeckt etwa 24 Stunden im Kühlschrank durchziehen lassen.

4_ Dann etwa die Hälfte des Speiseöls in einer großen Pfanne erhitzen. Etwa die Hälfte des Fleisches darin unter Wenden bei starker Hitze kräftig anbraten, mit Salz würzen. Das Fleisch in einen Bratentopf geben. Das restliche Fleisch auf die gleiche Weise mit dem restlichen Speiseöl anbraten und dann ebenfalls in den Topf geben.

5_ Die Kokosmilch zum Fleisch gießen und zum Kochen bringen. Zitronengras abspülen, trocken tupfen, in etwa 5 cm lange Stücke schneiden und dazugeben. Das Curry zugedeckt 80–90 Minuten köcheln lassen, dabei gelegentlich umrühren.

6_ Die Gurke waschen, abtrocknen oder schälen und die Enden abschneiden. Gurke in Scheiben schneiden. Minzeblätter abspülen, trocken tupfen und grob schneiden.

7_ Das Zitronengras aus dem Curry entfernen. Das Curry mit Minze bestreuen und mit den Gurkenscheiben, Krabbenchips und Sambal Oelek servieren.

Beilage: Basmatireis.

Pro Portion: E: 38 g, F: 55 g, Kh: 24 g, kJ: 3101, kcal: 744, BE: 2,0

Lammcurry mit grünen Bohnen und Raita

4 Portionen – dauert länger

175 g Zwiebeln

40 g Ingwer

½ rote Chilischote

10 grüne Kardamomkapseln

1 EL Fenchelsamen

1 TL gemahlene Gewürznelken

1 EL gemahlener Zimt

3 EL Speiseöl, z. B. Maiskeimöl

700 g Lammgehacktes

2 EL Tomatenmark

Salz

1 l Wasser

250 g Möhren

200 g Cocktailtomaten

50 g getrocknete Aprikosen

300 g grüne Bohnen

4 Stängel Minze

Für Raita:

500 g griechischer Sahnejoghurt
   (10 % Fett)

4 EL Mango-Chutney
   (aus dem Glas)

Zubereitungszeit: **40 Minuten**

Garzeit: **etwa 90 Minuten**

1_ Zwiebeln abziehen und würfeln. Ingwer schälen und fein würfeln. Chilischotenhälfte entstielen und entkernen, abspülen, abtropfen lassen und grob hacken.

2_ Die Kardamomsamen aus den Kapseln lösen und mit dem Fenchelsamen im Mörser fein zerstoßen, mit Nelken und Zimt mischen.

3_ Speiseöl in einem weiten Topf erhitzen. Das Lammgehackte darin bei starker Hitze kräftig anbraten. Die Gewürzmischung unterrühren und kurz mit anbraten. Dann Zwiebeln, Ingwer und Chili unterrühren und mitbraten. Tomatenmark unterrühren. Das Ganze mit Salz würzen. Wasser hinzugießen, unterrühren, kurz aufkochen lassen und im offenen Topf etwa 70 Minuten leise köcheln lassen, dabei gelegentlich umrühren. Evtl. etwas heißes Wasser nachgießen.

4_ In der Zwischenzeit die Möhren putzen, schälen, abspülen, abtropfen lassen und würfeln. Tomaten abspülen, abtropfen lassen, halbieren und die Stängelansätze herausschneiden. Aprikosen in kleine Stückchen schneiden.

5_ Von den Bohnen die Enden abschneiden, evtl. abfädeln und in große Stücke schneiden. Die Bohnen in kochendem Salzwasser kurz blanchieren, dann mit eiskaltem Wasser abschrecken und abtropfen lassen.

6_ Aprikosenstücke und Möhrenwürfel in das Curry geben. Curry weitere etwa 15 Minuten garen. Dann die Tomaten untermischen und das Curry noch weitere etwa 5 Minuten garen.

7_ Zum Schluss die Bohnen in das Curry geben und kurz miterhitzen. Minze abspülen, trocken tupfen und die Blätter von den Stängeln zupfen. Die Blätter grob hacken.

8_ Für Raita Joghurt mit Chutney verrühren, mit Salz abschmecken. Die Hälfte der Minzeblätter unterrühren. Das Curry mit den restlichen Minzeblättern bestreuen und mit Raita servieren.

Beilage: Basmatireis.

Pro Portion: E: 41 g, F: 43 g, Kh: 35 g, kJ: 2913, kcal: 695, BE: 2,5

Rotes Lammcurry

6 Portionen – für Gäste – gut vorzubereiten

1 EL Koriandersamen

2 TL Kreuzkümmelsamen

2 Gewürznelken

½ zerbröselte Zimtstange

1 kg Lammkeule
  (enthäutet, ohne Knochen)

4 EL Speiseöl, z. B. Maiskeimöl

350 g Gemüsezwiebeln

2 Knoblauchzehen

1 Stück Ingwer

2 Kardamomkapseln

2 EL Paprikapulver edelsüß

1–2 TL gemahlenes Zitronengras

400 g geschälte Tomaten
  (aus der Dose)

250 ml Kokosmilch

500 ml Wasser

Salz

Zubereitungszeit: **45 Minuten**

Garzeit: **etwa 90 Minuten**

1_ Koriander, Kreuzkümmel, Nelken und Zimt in einem Mörser zerstoßen. Lammkeule kalt abspülen, trocken tupfen und in etwa 2 cm große Würfel schneiden.

2_ Zwei Esslöffel des Speiseöls in einem Wok oder einer großen Pfanne mit hohem Rand erhitzen. Ein Drittel der Fleischwürfel darin von allen Seiten anbraten und herausnehmen. Wieder 1 Esslöffel Speiseöl in den Wok oder die Pfanne geben. Die Hälfte der restlichen Fleischwürfel hinzugeben, anbraten und herausnehmen. Restliche Fleischwürfel mit restlichem Speiseöl ebenso anbraten.

3_ Zwiebeln und Knoblauch abziehen und fein würfeln. Ingwer schälen und fein würfeln. Zwiebel-, Knoblauch-, Ingwerwürfel, Kardamomkapseln, Paprikapulver und Zitronengras in den Wok oder die Pfanne geben und etwa 5 Minuten bei schwacher Hitze andünsten.

4_ Dann die vorbereitete Gewürzmischung hinzugeben und 2–3 Minuten mitdünsten lassen. Das angebratene Fleisch, die Tomaten mit dem Saft, Kokosmilch und das Wasser hinzugeben. Mit Salz würzen und zum Kochen bringen. Das Curry bei schwacher Hitze ohne Deckel etwa 90 Minuten garen, bis das Fleisch weich ist, dabei gelegentlich umrühren. Zum Servieren das Curry nochmals mit den Gewürzen abschmecken.

Tipp: Basmatireis, Duft- bzw. Jasminreis sind die bevorzugten Reissorten in der asiatischen Küche. Basmatireis ist ein sehr aromatischer, nach dem Garen eher körniger Reis. Duftreis entfaltet beim Garen einen Blumenduft. Er ist ein sehr aromatischer, gegart leicht klebriger Langkornreis..

Beilage: Basmatireis.

Pro Portion: E: 37 g, F: 22 g, Kh: 6 g, kJ: 1564, kcal: 374, BE: 0,5

Gelbes Rindfleischcurry

4 Portionen – einfach – beliebt

500 g Rinderfilet oder
  Rumpsteak (ohne Fettrand)
1 grüne Chilischote
1 kleines Bund Basilikum
400 ml Kokosmilch
2 TL gelbe Currypaste
2 TL Kurkuma (Gelbwurz)
100 g abgetropfte Bambus-
  sprossen, in Streifen
  (aus dem Glas)
etwas Zucker
Salz

Zubereitungszeit: **20 Minuten**
Garzeit: **8–10 Minuten**

1_ Rinderfilet oder Rumpsteak mit Küchenpapier trocken tupfen und in sehr feine, dünne Streifen schneiden.

2_ Chilischote halbieren, entstielen, entkernen, abspülen, abtrocknen und schräg in Streifen schneiden.

3_ Basilikum abspülen und trocken tupfen. Die Blättchen von den Stängeln zupfen.

4_ Kokosmilch in einer Pfanne erhitzen. Currypaste und Kurkuma unterrühren.

5_ Die Fleischstreifen, zwei Drittel der Basilikumblättchen, die Chili-streifen, Bambussprossen und etwas Zucker hinzufügen.
Zum Kochen bringen und 8–10 Minuten leicht kochen lassen.

6_ Rindfleischcurry vor dem Servieren mit Salz würzen und mit den restlichen Basilikumblättchen bestreuen.

Tipp: Man unterscheidet rote, grüne und gelbe Currypasten. Der wesentliche Unterschied ist der Schärfegrad. Die grüne Curry-paste ist sehr scharf, die rote Paste ist scharf und die gelbe Paste ist mittelscharf.

Beilage: Reis oder Couscous.

Pro Portion: E: 29 g, F: 23 g, Kh: 4 g, kJ: 1405, kcal: 338, BE: 0,5

Rindfleisch-Kokos-Curry

4 Portionen – dauert länger

2 Schalotten

1 kleines Stück Ingwer

2 Knoblauchzehen

2 rote Chilischoten

1 EL gemahlenes Zitronengras

750 g Rindfleisch

(zum Schmoren)

3 EL Speiseöl,

z. B. Sonnenblumenöl

1 gestr. TL gemahlener Zimt

4 Sternanis

2 grüne Kardamomkapseln

400 ml Kokosmilch

1–2 kleine Lorbeerblätter

2 geh. EL Kokosraspel

1 TL Zucker

Salz

einige Korianderblättchen

Zubereitungszeit: **30 Minuten**

Garzeit: **etwa 75 Minuten**

1_ Schalotten abziehen und grob zerkleinern. Ingwer schälen und hacken. Knoblauch abziehen. Chilischoten halbieren, entstielen, entkernen, abspülen, abtropfen lassen und grob würfeln.

2_ Die vorbereiteten Zutaten mit einem Pürierstab pürieren oder im Mörser zerstoßen. Das Zitronengras unterrühren.

3_ Rindfleisch mit Küchenpapier trocken tupfen. Das Fleisch in kleine Würfel schneiden.

4_ Das Speiseöl in einem Wok erhitzen. Schalotten-Gewürz-Mischung, Zimt, Sternanis und Kardamom hineingeben und etwa 3 Minuten unter Rühren bei schwacher Hitze (damit die Gewürze nicht verbrennen) dünsten.

5_ Fleischwürfel unterrühren. Kokosmilch und Lorbeerblätter hinzufügen. Das Fleisch zugedeckt etwa 60 Minuten bei schwacher Hitze schmoren, dabei gelegentlich umrühren.

6_ In der Zwischenzeit Kokosraspel in einer Pfanne ohne Fett goldbraun rösten und mit Zucker und Salz zu dem Fleisch geben. Das Fleisch weitere etwa 15 Minuten ohne Deckel garen. Nach Bedarf etwas Wasser oder Gemüsebrühe hinzugeben, wenn die Sauce zu stark einkocht.

7_ Korianderblättchen abspülen und trocken tupfen. Vor dem Servieren die Lorbeerblätter aus dem Curry entfernen. Das Rindfleisch-Kokos-Curry mit Korianderblättern bestreut servieren.

Tipp: Als Beilage eignet sich Langkorn- oder Basmatireis, der mit etwas gehackter, roter Chilischote gekocht und zum Schluss mit gehackten Korianderblättern gewürzt wird.

Pro Portion: E: 39 g, F: 46 g, Kh: 5 g, kJ: 2447, kcal: 586, BE: 0,5

Asia-Gemüse-Salat mit Hähnchenfleisch

4 Portionen – gut vorzubereiten

400 g Hähnchenbrustfilet

1 Knoblauchzehe

1 gestr. TL Paprikapulver edelsüß

2 EL Sojasauce

1–2 TL brauner Zucker

400 g Chinakohl

200 g gelbe Paprikaschote

200 g Zuckerschoten

150 g Staudensellerie

250 g Möhren

100 g Sojasprossen

4 EL Speiseöl,
   z. B. Sonnenblumenöl

Salz

brauner Zucker

5 EL Fischsauce

2 EL Speiseöl,
   z. B. Sonnenblumenöl

3 EL Sesamöl

1 EL Zitronensaft

Zubereitungszeit: **45 Minuten,
ohne Marinier- und Abkühlzeit**

1_ Hähnchenbrustfilet kalt abspülen, trocken tupfen und in mundgerechte Streifen schneiden. Hähnchenstreifen in eine Schüssel geben. Knoblauch abziehen, in kleine Würfel schneiden und zu den Hähnchenstreifen geben. Paprika, Sojasauce und braunen Zucker hinzufügen. Die Zutaten mit den Hähnchenstreifen vermischen. Die Hähnchenstreifen zugedeckt etwa 3 Stunden in den Kühlschrank stellen und marinieren.

2_ Chilischote halbieren, entstielen, entkernen, abspülen, trocken tupfen und klein hacken. Chinakohl putzen, abspülen, abtropfen lassen, halbieren und den Strunk herausschneiden. Chinakohlblätter von den Blattrippen schneiden. Blätter in Stücke schneiden und bis zum Servieren kalt stellen. Die dickeren Blattrippen in feine Streifen schneiden.

3_ Paprikaschote mit einem Sparschäler grob schälen. Paprikaschote halbieren, entstielen, entkernen und die weißen Scheidewände entfernen. Schotenhälften abspülen, abtropfen lassen und in feine Streifen schneiden.

4_ Von den Zuckerschoten die Enden abschneiden, evtl. abfädeln. Die Schoten abspülen, abtropfen lassen und längs halbieren. Staudensellerie putzen und die harten Außenfäden abziehen. Selleriestangen abspülen, abtropfen lassen und in Scheiben schneiden. Möhren putzen, schälen, abspülen, abtropfen lassen, in Streifen schneiden. Sprossen abspülen, trocken tupfen.

5_ Etwa die Hälfte des Speiseöls in einer großen Pfanne oder einem Wok erhitzen. Das vorbereitete Gemüse darin in 2 Portionen kurz unter Rühren anbraten. Die einzelnen Gemüseportionen mit je 1 Prise gehackter Chilischote, Salz und Zucker bestreuen. Je die Hälfte der Fischsauce hinzugießen und einkochen lassen.

6_ Die angebratenen Gemüseportionen auf einem großen Teller verteilen und abkühlen lassen.

7_ Das Speiseöl in der Pfanne oder dem Wok erhitzen. Die Hähnchenstreifen darin evtl. portionsweise anbraten, herausnehmen und auf dem Gemüse verteilen.

8_ Die kalt gestellten Chinakohlblätter mit 1 Prise Salz vermischen, in eine große Servierschale legen. Den Gemüse-Hähnchenstreifen-Salat mit Salz abschmecken und auf den Chinakohlblättern verteilen. Den Salat mit Sesamöl und Zitronensaft beträufeln und kurz vor dem Servieren unter den Salat mischen.

Pro Portion: E: 31 g, F: 20 g, Kh: 21 g, kJ: 1650, kcal: 393, BE: 1,5

Riesengarnelen-Reisnudel-Salat

4 Portionen – für Gäste

600 g TK-Riesengarnelen
(ohne Kopf und Schale,
entdarmt)
200 g Reisnudeln,
z. B. Bandreisnudeln
2 Knoblauchzehen
40 g Ingwer
4 EL Limettensaft
75 ml Orangensaft
50 ml Wasser
2–3 EL brauner Zucker
Salz
Cayennepfeffer
400 g rote Paprikaschoten
4 EL Sonnenblumenöl
1 TL dunkles Sesamöl
einige Stängel Basilikum

Zubereitungszeit: **30 Minuten,
ohne Auftauzeit**

1_ TK-Garnelen nach Packungsanleitung auftauen. Die Reisnudeln nach Packungsanleitung zubereiten und auf einem Sieb abtropfen lassen.

2_ In der Zwischenzeit Knoblauch abziehen und durch eine Knoblauchpresse drücken. Ingwer schälen und fein reiben.

3_ Limetten-, Orangensaft und Wasser mit Zucker, Knoblauch und Ingwer verrühren, mit Salz und Cayennepfeffer würzen.

4_ Paprikaschoten halbieren, entstielen, entkernen und die weißen Scheidewände entfernen. Schotenhälften abspülen, abtropfen lassen und in sehr dünne Streifen schneiden.

5_ Garnelen kalt abspülen, trocken tupfen und der Länge nach halbieren.

6_ Zwei Esslöffel Sonnenblumenöl in einer Pfanne erhitzen. Die Paprikastreifen darin bei starker Hitze etwa 2 Minuten anbraten. Garnelenhälften unterrühren. Zitrus-Dressing hinzugießen und die Zutaten etwa 1 Minute kochen lassen.

7_ Die Reisnudeln mit der Paprika-Garnelen-Mischung in einer großen Schüssel vermengen. Restliches Sonnenblumenöl mit Sesamöl verschlagen und unter den Salat heben. Den Salat nochmals mit den Gewürzen abschmecken.

8_ Basilikum abspülen und trocken tupfen. Die Blättchen von den Stängeln zupfen, grob schneiden und unter den Salat heben.

Pro Portion: E: 35 g, F: 14 g, Kh: 62 g, kJ: 2168, kcal: 518, BE: 5,0

Gestreifter Gurken-Mango-Salat

4 Portionen – fruchtig – erfrischend – Foto

Für die Sauce:

½ rote Chilischote

2 Knoblauchzehen

6 EL Limettensaft

3 EL brauner Zucker

1 EL Ketjap Manis
   (indonesische Sojasauce)

2 EL Fischsauce

1–2 Mangos (etwa 500 g)

450 g Salatgurke

2 Sternfrüchte (Karambole)

75 g geröstete, gesalzene
   Erdnüsse

8 Stängel Koriander

Zubereitungszeit: **30 Minuten**

1_ Chilischotenhälfte evtl. entstielen und evtl. entkernen, abspülen, abtropfen lassen und in feine Ringe schneiden. Knoblauch abziehen und fein hacken. Den Limettensaft mit Zucker, Ketjap Manis und Fischsauce verrühren, Chili und Knoblauch unterrühren.

2_ Die Mangos halbieren. Das Fruchtfleisch vom Stein schneiden und schälen. Gurke schälen und die Enden abschneiden. Gurke längs halbieren und die Kerne herausschaben. Sternfrüchte abspülen und trocken tupfen. Gurke, Mango und Sternfrüchte in feine Streifen schneiden

3_ Die Erdnüsse grob hacken. Koriander abspülen, trocken tupfen und die Blättchen von den Stängeln zupfen. Die Blättchen grob hacken.

4_ Die Gurken-, Mango- und Sternfrüchtestreifen mit der Sauce mischen. Den Salat mit den Erdnusskernen und dem Koriander bestreut servieren.

Pro Portion: E: 7 g, F: 11 g, Kh: 30 g, kJ: 1036, kcal: 248, BE: 2,5

Glasnudel-Rohkost-Salat

4 Portionen – pikant-fruchtig

20 g Ingwerwurzel

200 ml Grapefruitsaft

3–4 EL dunkles Sesamöl

Salz

1 Mango (etwa 300 g)

2 rote Paprikaschoten

4 Möhren

200 g Glasnudeln

einige Stängel Koriander oder
   Minze

4 EL geröstete Sesamsamen
   (geschält)

Zubereitungszeit: **20 Minuten**

1_ Ingwer schälen, fein würfeln. Grapefruitsaft mit Ingwerwürfeln in einer Schüssel verrühren. Sesamöl unterschlagen, mit Salz würzen.

2_ Mango schälen, das Fruchtfleisch vom Stein schneiden und in feine Streifen schneiden. Paprikaschoten halbieren, entstielen, entkernen und die weißen Scheidewände entfernen. Schotenhälften abspülen, abtropfen lassen und in feine Streifen schneiden.

3_ Möhren putzen, schälen, abspülen, abtropfen lassen, in feine Streifen hobeln. Mango-, Paprika- und Möhrenstreifen zu der Vinaigrette geben, untermischen. Glasnudeln nach Packungsanleitung zubereiten, erkalten lassen, mit einer Küchenschere in mundgerechte Stücke schneiden.

4_ Glasnudeln unter den Salat mischen. Koriander oder Minze abspülen und trocken tupfen. Die Blättchen von den Stängeln zupfen und in Streifen schneiden. Glasnudel-Rohkost mit geröstetem Sesam und Kräuterstreifen bestreut servieren.

Pro Portion: E: 6 g, F: 19 g, Kh: 66 g, kJ: 1947, kcal: 463, BE: 5,0

Asia-Glasnudel-Salat

4 Portionen – etwas Besonderes

500 g Hähnchenbrustfilet

2 EL Sojasauce

150 g Glasnudeln

1 rote Chilischote

2 Knoblauchzehen

500 g Möhren

400 g Porree (Lauch)

2 EL Speiseöl, z. B. Sesamöl

Salz

frisch gemahlener Pfeffer

½ TL gemahlener Ingwer

3–4 EL Limettensaft

Zubereitungszeit: **30 Minuten**

1_ Hähnchenbrustfilet kalt abspülen, trocken tupfen, in etwa 2 cm große Würfel schneiden und mit der Sojasauce verrühren.

2_ Die Glasnudeln nach Packungsanleitung zubereiten und erkalten lassen. Dann mit einer Küchenschere in etwa 3 cm lange Stücke schneiden.

3_ Inzwischen Chilischote halbieren, entstielen, entkernen, abspülen, abtropfen lassen und in feine Streifen schneiden. Knoblauch abziehen und fein hacken.

4_ Möhren und Porree putzen. Die Möhren schälen, abspülen, abtropfen lassen und in dünne Scheiben schneiden. Porreestangen seitlich längs einschneiden, gründlich abspülen und abtropfen lassen. Porree in Streifen schneiden.

5_ Öl in einer Pfanne erhitzen. Die Hähnchenwürfel darin unter gelegentlichem Rühren 5–7 Minuten braten, mit Salz und Pfeffer bestreuen und aus der Pfanne nehmen.

6_ Chilischote, Knoblauch, Möhren und Porree im verbliebenen Bratfett anbraten und etwa 4 Minuten unter gelegentlichem Wenden bissfest dünsten.

7_ Salatzutaten miteinander vermischen, mit Salz, Pfeffer, Ingwer und Limettensaft abschmecken. Salat sofort warm servieren oder noch etwas durchziehen lassen, dann kalt servieren.

Tipp: Glasnudeln sind dünne, nach dem Garen glasig aussehende Nudeln, die im asiatischen Raum als Beilage oder Suppeneinlage beliebt sind.

Variante: Für einen Glasnudel-Salat mit Mais und Paprika nehmen Sie statt Möhren und Porree 1 Dose Gemüsemais (Abtropfgewicht 285 g) und 2 rote Paprikaschoten (je etwa 200 g). Mais abtropfen lassen. Paprika halbieren, entstielen, entkernen, die weißen Scheidewände entfernen. Schoten abspülen, abtropfen lassen, in feine Streifen schneiden. Gemüse wie beschrieben andünsten und unter die restlichen Salatzutaten geben.

Pro Portion: E: 33 g, F: 6 g, Kh: 39 g, kJ: 1467, kcal: 349, BE: 2,5

Glasnudelsalat mit geröstetem Hackfleisch

4 Portionen – gut vorzubereiten

1 rote Chilischote
1 Knoblauchzehe
½ Bund Koriander
1 EL Speiseöl, z. B. Maiskeimöl
500 g Gehacktes (halb Rind-,
   halb Schweinefleisch)
Salz
1–2 EL Sojasauce
1 EL Fischsauce
Zucker

200 g Glasnudeln
1 EL Sojasauce
200 g Zuckerschoten
1 Bund Frühlingszwiebeln

Für die Limettenmarinade:
½ rote Chilischote
40 ml Limettensaft

einige Römersalatblätter

Zubereitungszeit: **45 Minuten,
ohne Abkühlzeit**

1_ Chilischote abspülen, trocken tupfen und klein schneiden. Knoblauch abziehen und ebenfalls klein schneiden. Koriander abspülen und trocken tupfen. Die Blättchen von den Stängeln zupfen und für die Marinade beiseitelegen. Die Korianderstängel klein hacken.

2_ Das Speiseöl in einer großen Pfanne erhitzen. Das Gehackte hineingeben, mit Salz, Soja-, Fischsauce, Chilischote, Knoblauch und 1 Prise Zucker würzen. Zutaten bei starker Hitze unter Rühren kräftig braun anbraten. Dabei die Fleischklümpchen mit einer Gabel zerdrücken. Korianderstängel unterrühren. Das gebratene Gehackte in eine Schüssel geben und erkalten lassen.

3_ Die Glasnudeln nach Packungsanleitung zubereiten, anschließend mit einer Küchenschere in Stücke schneiden. Die Glasnudeln mit Salz und Sojasauce abschmecken und zum Gehackten in die Schüssel geben.

4_ Von den Zuckerschoten die Enden abschneiden. Zuckerschoten abspülen, abtropfen lassen und in feine Streifen schneiden. Frühlingszwiebeln putzen, abspülen, abtropfen lassen und in feine Scheiben schneiden. Zuckerschotenstreifen und Frühlingszwiebelscheiben zu den Glasnudeln geben und vorsichtig unterheben.

5_ Für die Marinade die Chilischotenhälfte entstielen, entkernen, abspülen, trocken tupfen und fein hacken. Chili mit ½ Teelöffel Salz und 1 Prise Zucker unter den Limettensaft rühren. Die beiseitegelegten Korianderblätter grob zerzupfen.

6_ Die Limettenmarinade kurz vor dem Servieren auf dem Salat verteilen und gut untermischen. Römersalatblätter abspülen und abtropfen lassen. Den Salat auf den Römersalatblättern anrichten, mit Korianderblättchen bestreuen und sofort servieren.

Tipp: Statt der Limettenmarinade können Sie Limettenviertel zum Selbstauspressen dazureichen.

Pro Portion: E: 28 g, F: 23 g, Kh: 54 g, kJ: 2280, kcal: 542, BE: 4,0

Asiatische Hackbällchen
30 Stück – partytauglich

500 g Schweinegehacktes

4 EL Sojasauce

60 g Ingwer

2 Knoblauchzehen

1 kleines Bund Frühlingszwiebeln

1 rote Chilischote

5 Stängel Koriander oder
   Zitronenmelisse

Salz

2–3 EL Sonnenblumenöl

Zubereitungszeit: **45 Minuten**

1_ Das Gehackte mit der Sojasauce in eine Rührschüssel geben. Ingwer schälen und in kleine Würfel schneiden. Knoblauch abziehen und klein würfeln.

2_ Frühlingszwiebeln putzen, abspülen, abtropfen lassen und in sehr kleine Stücke schneiden.

3_ Chilischote halbieren, entstielen, entkernen, abspülen, trocken tupfen und fein hacken.

4_ Die Kräuter abspülen und trocken tupfen. Die Blättchen von den Stängeln zupfen. Einige Blättchen zum Garnieren beiseitelegen. Die restlichen Blättchen klein schneiden.

5_ Die vorbereiteten Zutaten zum Gehackten geben und gut unterkneten. Die Masse mit Salz würzen. Die Gehacktesmasse mit angefeuchteten Händen zu 30 kleinen Bällchen formen.

6_ Jeweils etwas Speiseöl in einer großen Pfanne erhitzen. Die Hackbällchen darin portionsweise von allen Seiten etwa 5 Minuten braten.

7_ Die Bällchen herausnehmen, auf Küchenpapier legen, abtropfen lassen und mit den beiseitegelegten Kräuterblättchen warm oder kalt servieren.

Tipp: Benutzen Sie eine beschichtete Pfanne. Dann lassen sich die Hackbällchen beim Wenden besser von dem Pfannenboden lösen.

Pro Stück: E: 3 g, F: 4 g, Kh: 1 g, kJ: 237, kcal: 57, BE: 0,0

Curry-Fisch-Bällchen

24 Stück – buffetgeeignet

Für die Fisch-Bällchen:

600 g TK-Kabeljau- oder
    Seelachsfilet
6 Scheiben Weizen-Toastbrot
    (etwa 150 g)
1 Bund Schnittlauch
2–3 TL Currypulver
Salz
3 Eiweiß (Größe M)

etwa 250 ml Sonnenblumenöl

Für die Sauce:

260 g abgetropfte Ananasstücke
    (aus der Dose)
225 g Mango-Chutney
    (aus dem Glas)
4 EL Tomatenketchup
    (etwa 50 g)

evtl. einige vorbereitete
    Schnittlauchröllchen

Zubereitungszeit: **45 Minuten,
ohne Antau- und Durchziehzeit**

1_ Für die Fischbällchen Kabeljau- oder Seelachsfilet nach Packungsanleitung etwas antauen lassen. Die Toastbrotscheiben entrinden und in sehr kleine Würfel schneiden. Schnittlauch abspülen, trocken tupfen und in Röllchen schneiden.

2_ Fischfilet kalt abspülen, trocken tupfen, in sehr kleine Würfel schneiden und in eine Schüssel geben. Die Toastbrotwürfel, Schnittlauchröllchen, Curry, Salz und Eiweiß hinzugeben. Die Zutaten gut vermischen und etwa 15 Minuten durchziehen lassen.

3_ Sonnenblumenöl in einer tiefen Pfanne erhitzen. Aus dem Fischteig mit angefeuchteten Händen 24 Bällchen formen und evtl. portionsweise in dem erhitzten Sonnenblumenöl 6–8 Minuten goldbraun backen, dabei gelegentlich wenden. Fischbällchen mit einer Schaumkelle herausnehmen und auf Küchenpapier abtropfen lassen.

4_ Für die Sauce Ananasstücke in kleinere Stücke schneiden, mit Mango-Chutney und Ketchup verrühren.

5_ Die Curry-Fisch-Bällchen auf Tellern anrichten und nach Belieben mit Schnittlauchröllchen garniert servieren. Die Sauce dazureichen.

Tipp: Die Zutaten für die Fischbällchen unbedingt in sehr kleine Würfel schneiden, damit sich die Masse gut zu Bällchen formen lässt und diese beim Ausbacken nicht auseinanderfallen.

Pro Stück: E: 6 g, F: 2 g, Kh: 8 g, kJ: 295, kcal: 71, BE: 0,5

Knusprige Fischstückchen mit pikanter Sauce

4 Portionen – etwas Besonderes

Für die Sauce:

1 Stange Porree (Lauch)

20 g Ingwer

2 Knoblauchzehen

2 Chilischoten

1–2 EL Sojaöl

2 EL Reis- oder Weißweinessig

200 ml Gemüsebrühe

1 EL Sojabohnenpaste

3 EL Sojasauce

750 g Tilapiafilet

1 Eiweiß (Größe M)

2 EL Speisestärke

2 TL China-Gewürzzubereitung

Zum Frittieren:

350 ml Sojaöl

Zubereitungszeit: **40 Minuten**

1_ Für die Sauce den Porree putzen, die Stange längs halbieren, gründlich waschen und abtropfen lassen. Porree in feine Streifen schneiden. Ingwer schälen, Knoblauch abziehen. Ingwer und Knoblauch in feine Würfel schneiden.

2_ Chilischoten halbieren, entstielen und entkernen. Schotenhälften abspülen, trocken tupfen und in feine Würfel schneiden.

3_ Sojaöl in einem Wok erhitzen und Knoblauch-, Chili- und Ingwerwürfel darin anbraten. Essig, Gemüsebrühe, Sojabohnenpaste und Sojasauce unterrühren und kurz aufkochen lassen. Porreestreifen hinzufügen und kurz miterhitzen.

4_ Die Sauce aus dem Wok in ein vorgewärmtes Gefäß füllen und warm halten.

5_ Fischfilet kalt abspülen, trocken tupfen und in etwa 4 x 3 cm große Stücke schneiden. Eiweiß mit einem Mixer (Rührstäbe) zu feinem Schnee schlagen, Speisestärke und China-Gewürzzubereitung unterrühren. Die Fischstücke unter die Eischneemischung heben.

6_ Zum Frittieren das Sojaöl in dem Wok erhitzen. Die Fischstücke darin portionsweise jeweils etwa 3 Minuten goldbraun frittieren. Die Fischstücke mit einer Schaumkelle herausnehmen, auf Küchenpapier abtropfen lassen und warm stellen.

7_ Die knusprigen Fischstückchen mit der pikanten Sauce servieren.

Beilage: Naturreis.

Tipp: Statt der China-Gewürzzubereitung kann auch Currypulver, Paprikapulver edelsüß, Pfeffer und Kreuzkümmel (Cumin) zum Würzen verwendet werden.

Pro Portion: E: 40 g, F: 12 g, Kh: 10 g, kJ: 1328, kcal: 318, BE: 0,5

Dim Sum mit Chinakohl-Pflaumen-Füllung

12 Stück – raffiniert – Zubereitung im Bambusdämpfer, Ø etwa 26 cm

250 g Weizenmehl

2 TL Dr. Oetker Trockenbackhefe

25 g Zucker

1 Prise Salz

175 ml lauwarmes Wasser

Für die Pflaumenpaste:

25 g Zwiebeln

1 Knoblauchzehe

10 g Ingwer

35 g getrocknete Soft-Pflaumen

1 EL Fünf-Gewürze-Pulver

1 TL Paprikapulver rosenscharf

25 g Zucker

2 EL Sojasauce

300 g Chinakohl

3 EL Speiseöl, z. B. Maiskeimöl

1 gestr. TL Dr. Oetker Backin

2 EL Schnittlauchröllchen

6 EL süße Sojasauce

Außerdem:

Backpapier

Zubereitungszeit: **45 Minuten, ohne Teiggehzeit**

Dämpfzeit: **etwa 15 Minuten**

1_ Für den Teig Mehl mit Trockenbackhefe in einer Rührschüssel sorgfältig vermischen. Zucker, Salz und Wasser hinzufügen. Die Zutaten mit einem Mixer (Knethaken) zunächst kurz auf niedrigster, dann auf höchster Stufe in etwa 5 Minuten zu einem glatten Teig verarbeiten. Den Hefeteig zugedeckt so lange an einem warmen Ort gehen lassen, bis er sich etwa verdoppelt hat (etwa 90 Minuten).

2_ In der Zwischenzeit für die Pflaumenpaste Zwiebeln und Knoblauch abziehen. Ingwer schälen. Zwiebeln, Knoblauch, Ingwer und Soft-Pflaumen klein würfeln, zusammen mit dem Fünf-Gewürze-Pulver, Paprikapulver, Zucker und der Sojasauce fein pürieren.

3_ Chinakohl putzen. Den Kohl vierteln, den Strunk herausschneiden. Kohl abspülen, abtropfen lassen und in feine, kurze Streifen schneiden. Speiseöl in einer Pfanne erhitzen. Kohlstreifen darin bei starker Hitze unter Wenden etwa 3 Minuten anbraten. Die Pflaumenpaste untermischen. Die Füllung aus der Pfanne nehmen und abkühlen lassen.

4_ Aus dem Backpapier 12 quadratische Stücke (etwa 6 x 6 cm) schneiden. Den gegangenen Hefeteig aus der Schüssel nehmen und auf die leicht bemehlte Arbeitsfläche legen. Den Teig mit dem Backpulver besieben und einmal kräftig durchkneten.

5_ Den Teig zu einer Rolle formen und in 12 gleich große Stücke schneiden. Jedes Teigstück auf der leicht bemehlten Arbeitsfläche zu einem Kreis (Ø etwa 8 cm) ausrollen.

6_ Die Kohlmischung auf der Mitte der Teigplatten verteilen. Jeweils die Teigränder so über der Füllung zusammennehmen und andrücken, dass die Füllung von dem Teig vollständig umschlossen ist und Klößchen entstehen.

7_ Jeweils 6 Klößchen mit der Naht nach unten und mit ein wenig Abstand auf die Backpapierstücke in 2 Dämpfeinsätze legen. Die Klößchen zugedeckt nochmals etwa 30 Minuten gehen lassen.

8_ In 2 großen, zu den Bambusdämpfern passenden, Töpfen oder Pfannen mit hohem Rand etwa 4 cm hoch Wasser zum Kochen bringen. Die Dämpfeinsätze hineinstellen und mit je einem Deckel verschließen. Die Klößchen über dem Wasserdampf etwa 15 Minuten dämpfen.

9_ Dim-Sum-Klößchen aus den Dämpfern nehmen, das Backpapier entfernen. Dim Sum mit Schnittlauchröllchen bestreuen und mit süßer Sojasauce servieren.

Pro Stück: E: 4 g, F: 3 g, Kh: 25 g, kJ: 585, kcal: 140, BE: 2,0

Frühlingsrollen mit Tilapiafilet

4 Portionen – dauert länger

16 TK-Frühlingsrollen-Teigplatten
(etwa 21,5 x 21,5 cm)

300 g Tilapiafilet

200 g Mangold

1 Zwiebel

1 Knoblauchzehe

80 g getrocknete Tomaten,
in Öl eingelegt

6 EL Sojaöl

1 EL China-Gewürzzubereitung

1 Eiweiß

Zum Frittieren:

500 ml Sojaöl

Zubereitungszeit: **50 Minuten,
ohne Auftau- und Abkühlzeit**

1_ Die Teigplatten nach Packungsanleitung auftauen lassen.

2_ Fischfilet kalt abspülen, trocken tupfen und in etwa 2 cm große Stücke schneiden.

3_ Mangold putzen, gründlich waschen und abtropfen lassen. Die dicken Stängel von den Blättern schneiden, dabei evtl. die Stängel abziehen. Die Stängel und die Blätter in etwa 1 cm breite Streifen schneiden.

4_ Zwiebel und Knoblauch abziehen und in feine Würfel schneiden. Tomaten abtropfen lassen und in Streifen schneiden.

5_ Sojaöl in einem Wok erhitzen. Die Fischstücke darin unter Wenden anbraten, dann von der Mitte aus an den Wokrand schieben. Zwiebel- und Knoblauchwürfel in der Mitte des Woks unter Rühren anbraten. Mangoldstängelstreifen hinzufügen und kurz andünsten, anschließend die Mangoldblätterstreifen unterrühren.

6_ Die Fisch-Mangold-Mischung aus dem Wok nehmen und die Tomaten-streifen unterheben. Mit der China-Gewürzzubereitung abschmecken und erkalten lassen.

7_ Eiweiß mit einer Gabel verschlagen. Die Teigblätter auf der Arbeits-fläche ausbreiten und immer 2 Teigblätter mit einer Spitze nach unten aufeinanderlegen. Jeweils 2 Esslöffel der Tilapia-Mangold-Mischung auf die Mitte des unteren Teigplatten-Drittels geben. Die untere Spitze auf die Füllung klappen und bis etwa zur Hälfte der Teigplatte einrollen. Dann die seitlichen Spitzen zur Mitte einschlagen und die Platte ganz aufrollen. Die obere Teigspitze mit dem verschlagenen Eiweiß bestreichen und auf der Teigrolle andrücken.

8_ Sojaöl in einem Wok auf etwa 175 °C erhitzen. Je 2 Teigrollen mit der Naht nach unten in das erhitzte Sojaöl geben. Die Rollen nacheinander je 3–5 Minuten frittieren. Dabei die Teigrollen jeweils einmal wenden. Die frittierten Teigrollen mit einem Schaumlöffel herausnehmen, auf Küchenpapier etwas abtropfen lassen und warm stellen.

Tipp: Die Frühlingsrollen mit Mango-Chutney (aus dem Glas) servieren. Statt Mangold kann auch frischer Blattspinat verwendet werden. Für die richtige Frittiertemperatur des Öls einen Holzlöffelstiel in das Fett halten. Bilden sich Bläschen um den Holzlöffelstiel, ist die richtige Temperatur erreicht.

Pro Portion: E: 23 g, F: 29 g, Kh: 42 g, kJ: 2183, kcal: 519, BE: 3,5

Frühlingsrollen mit Chinakohl-Hähnchen-Füllung

4 Portionen – dauert länger

16 TK-Frühlingsrollen-Teigplatten
  (etwa 21,5 x 21,5 cm)

300 g Hähnchenbrustfilet

1 EL Austernsauce

1 EL Fischsauce

2 TL Speisestärke

2 TL Sambal Manis
  (süßlich-scharfe indonesische
  Chilipaste)

400 g Chinakohl

100 g Möhren

1 Zwiebel

2 hart gekochte Eier

6 EL Erdnussöl

1 Eiweiß

Zum Frittieren:

500 ml Erdnussöl

Zubereitungszeit: **50 Minuten,
ohne Auftau- und Abkühlzeit**

1_ Die Teigplatten nach Packungsanleitung auftauen lassen.

2_ Hähnchenbrustfilet kalt abspülen, trocken tupfen und in feine Streifen schneiden. Die Hähnchenstreifen mit Austern-, Fischsauce, Speisestärke und Sambal Manis vermischen.

3_ Chinakohl putzen, halbieren oder vierteln und den Stunk heraus-schneiden. Chinakohl abspülen, gut abtropfen lassen und in feine Streifen schneiden. Möhren putzen, schälen, abspülen, abtropfen lassen und in kleine Würfel schneiden. Zwiebel abziehen und ebenfalls klein würfeln. Eier pellen, halbieren und grob hacken.

4_ Erdnussöl in einem Wok erhitzen. Die Hähnchenstreifen darin unter Rühren anbraten. Möhren- und Zwiebelwürfel hinzufügen, unter Rühren kurz mit anbraten. Die Chinakohlstreifen kurz unterrühren. Die Chinakohl-Hähnchen-Mischung sofort aus dem Wok nehmen und erkalten lassen. Gehackte Eier unterheben.

5_ Eiweiß mit einer Gabel verschlagen. Die Teigblätter auf der Arbeitsflä-che ausbreiten und immer 2 Teigblätter mit einer Spitze nach unten aufeinanderlegen.

6_ Jeweils 2 Esslöffel der Chinakohl-Hähnchen-Mischung auf die Mitte des unteren Teigplatten-Drittels geben. Die untere Spitze auf die Füllung klappen und bis etwa zur Hälfte der Teigplatte einrollen. Dann die seitlichen Spitzen zur Mitte hin einschlagen und ganz aufrollen. Die obere Teigspitze mit dem verschlagenen Eiweiß bestreichen und auf der Teigrolle andrücken.

7_ Das Erdnussöl in einem Wok auf etwa 175 °C erhitzen. Je 2 Teigrollen mit der Naht nach unten in das erhitzte Erdnussöl geben. Die Frühlings-rollen nacheinander jeweils 3–5 Minuten frittieren. Dabei die Teigrollen jeweils einmal wenden. Die frittierten Teigrollen mit einem Schaum-löffel herausnehmen, auf Küchenpapier etwas abtropfen lassen und warm stellen.

Tipp: Die Frühlingsrollen mit Chili- oder Sojasauce servieren.

Pro Portion: E: 29 g, F: 34 g, Kh: 41 g, kJ: 2452, kcal: 584, BE: 3,0

Onigiri mit Umeboshi-Paste und Tofu

20 Stück – mit Alkohol

300 g Sushireis
450 ml Wasser
1 gestr. TL Salz
4 EL Reisessig
1 gestr. TL Zucker
½ TL Salz

50 g Tofu
2 EL Speiseöl, z. B. Maiskeimöl
1 TL Sojasauce
1 EL Mirin
  (japanischer Reiswein, der nur
  als Speisewürze verwendet
  wird)
1 EL Sake (japanischer Reiswein)
1 EL ungeschälter Sesamsamen
1 TL schwarzer Sesamsamen
5 EL Umeboshi-Paste oder
  gehackte Umeboshi-Früchte
  (aus dem Glas)

Zum Garnieren:
1–2 Frühlingszwiebeln

Zubereitungszeit: **35 Minuten,
ohne Abkühlzeit**
Garzeit: **etwa 30 Minuten**

1_ Den Reis auf ein Sieb geben und so lange unter fließendem kalten Wasser abspülen, bis das Wasser klar abläuft. Den Reis sehr gut abtropfen lassen. Reis mit Wasser und Salz in einem Topf zum Kochen bringen und zugedeckt bei schwacher Hitze etwa 20 Minuten köcheln lassen. Dann den Topf von der Kochstelle nehmen und den Reis noch etwa 10 Minuten ausquellen lassen.

2_ Reisessig erwärmen. Zucker und Salz darin unter Rühren auflösen. Die Mischung locker unter den heißen Reis mischen. Den Reis mit einem feuchten Tuch zudecken und fast ganz erkalten lassen.

3_ In der Zwischenzeit Tofu in 10 etwa 1 ½ cm große Würfel schneiden. Speiseöl in einer Pfanne erhitzen und die Tofuwürfel darin rundherum bei starker Hitze gold-braun anbraten. Sojasauce, Mirin und Sake hinzugeben und ganz einkochen lassen. Tofuwürfel aus der Pfanne nehmen und auf einem Teller abkühlen lassen.

4_ Beide Sorten Sesamsamen in einer Pfanne mischen, ohne Fett unter Wenden anrösten, herausnehmen und auf einen Teller geben.

5_ Die Hälfte vom Reis abnehmen und in 10 gleich große Portionen teilen. 1 Reisportion auf der angefeuchteten Handfläche zu einem flachen Kreis ausbreiten. 1 Teelöffel der Umeboshi-Paste auf die Reismitte setzen, dann mit angefeuchteten Händen zu einem Bällchen formen (dabei vorsichtig drücken, damit nichts rausquetscht). Auf die gleiche Weise 9 weitere Reisbällchen zubereiten.

6_ Den restlichen Reis ebenfalls in 10 gleich große Portionen teilen. Nacheinander jede Portion auf der angefeuchteten Handfläche zu einem flachen Kreis ausbreiten. Jeweils 1 Tofuwürfel in die Mitte setzen und mit angefeuchteten Händen zu Bällchen formen.

7_ Zum Garnieren Frühlingszwiebeln abspülen, abtropfen lassen und das Frühlingszwiebelgrün schräg in dünne Scheiben schneiden.

8_ Jedes Tofubällchen mit 4 Frühlingszwiebelscheiben in Form einer Blüte garnieren. Die Umeboshi-Bällchen mit dem Sesamsamen bestreuen.

Beilage: Sojasauce und japanische Mixed-Pickles.

Tipp: Umeboshi-Paste erhalten Sie in Asialäden, asiatischen Spezialitätenabteilungen von Supermärkten oder Reformhäusern.

Pro Stück: E: 2 g, F: 2 g, Kh: 13 g, kJ: 316, kcal: 75, BE: 1,0

Onigiri mit gegartem Lachs und Norialgen

32 Stück – dauert länger

Zum Vorbereiten:

2 Lachsfilets (je etwa 125 g)
1 gestr. TL Salz

300 g Sushireis
450 ml Wasser
1 gestr. TL Salz
4 EL Reisessig
1 TL Zucker
½ TL Salz
2 EL ungeschälter Sesamsamen
1 EL Speiseöl, z. B. Maiskeimöl
1 Frühlingszwiebel
125 g Rettich
15 g Ingwer
1 TL Wasabipaste
1 Blatt getrocknete Norialgen
(etwa 20 x 20 cm, erhältlich
im Asialaden oder in
Spezialitätenabteilungen
von Supermärkten)

100 ml Sojasauce

Zubereitungszeit: **30 Minuten,
ohne Durchzieh- und
Abkühlzeit**
Garzeit: **etwa 30 Minuten**

1_ Zum Vorbereiten Lachsfilet kalt abspülen und mit Küchenpapier trocken tupfen. Die Lachsfilets mit dem Salz einreiben und zugedeckt etwa 2 Stunden in den Kühlschrank stellen.

2_ Reis auf ein Sieb geben und so lange unter fließendem kalten Wasser abspülen, bis das Wasser klar abläuft. Den Reis sehr gut abtropfen lassen. Reis mit Wasser und Salz in einem Topf zum Kochen bringen und zugedeckt bei schwacher Hitze etwa 20 Minuten köcheln lassen. Dann den Topf von der Kochstelle nehmen und den Reis noch etwa 10 Minuten ausquellen lassen.

3_ Reisessig erwärmen. Zucker und Salz darin unter Rühren auflösen. Die Mischung locker unter den heißen Reis mischen. Den Reis mit einem feuchten Tuch zudecken und fast ganz erkalten lassen.

4_ Sesamsamen in einer Pfanne ohne Fett unter Wenden goldbraun rösten, herausnehmen und auf einen Teller geben.

5_ Speiseöl in einer Pfanne erhitzen. Lachsfilets darin bei mittlerer Hitze auf jeder Seite etwa 2 Minuten sanft braten. Die Filets aus der Pfanne nehmen und abkühlen lassen.

6_ Frühlingszwiebel putzen, abspülen, abtropfen lassen und in sehr feine Scheiben schneiden. Rettich und Ingwer schälen, auf der feinen Seite der Haushaltsreibe raspeln. Die Raspel mit der Wasabipaste gut vermischen. Zuletzt die Frühlingszwiebelscheiben untermengen.

7_ Das Norialgenblatt mit einer Küchenschere zuerst in etwa 2 cm breite Streifen und dann in etwa ½ cm dicke Stücke schneiden. Die Lachsfilets mit der Hand in sehr kleine Stücke zupfen. Lachs- und Norialgenstückchen mit dem Reis mischen und in 4 gleich große Portionen teilen.

8_ Ein großes Stück Frischhaltefolie auf eine Sushimatte legen. 1 Reisportion mit angefeuchteten Händen darauf verteilen und mithilfe der Sushimatte zu einer etwa 23 cm langen „dreieckigen Rolle" formen. Die Kanten von Hand nacharbeiten.

9_ Aus den restlichen 3 Reisportionen auf die gleiche Weise 3 Rollen formen. Jede Rolle mit einem in kaltem Wasser getauchten, scharfen Messer in 8 Stücke schneiden.

10_ Onigiri mit Sesamsamen bestreuen, mit der Rettich-Frühlingszwiebel-Mischung und Sojasauce servieren.

Pro Stück: E: 3 g, F: 1 g, Kh: 8 g, kJ: 233, kcal: 55, BE: 0,5

Thaispargel mit Rindfleisch
4 Portionen – für Gäste

400 g Rinderhüftsteak

1 ½ EL Speisestärke

2 EL Sojasauce

1 gestr. TL Dr. Oetker Backin

2–3 EL Sesamöl

2 rote Chilischoten

3 Ananasscheiben
  (aus der Dose)

12 Maiskölbchen
  (aus dem Glas)

200 g rote Paprikaschote

300 g frischer Thai- oder
  Wildspargel

6 EL Kokosmilch
  (aus der Dose)

10 EL Gemüse- oder Fleischbrühe

gemahlener Pfeffer

2–3 Stängel Koriander

evtl. Salz

10 g geröstete Kokosraspel
  oder gehobelte, geröstete
  Kokosnuss

**Zubereitungszeit: 30 Minuten,
ohne Marinierzeit**

1_ Hüftsteak mit Küchenpapier trocken tupfen und quer zur Faser zuerst in Scheiben, dann in feine Streifen schneiden. Fleischstreifen mit Speisestärke, 2 Esslöffeln Sojasauce, Backpulver und 2 Esslöffeln Sesamöl vermengen, zugedeckt etwa 1 Stunde in den Kühlschrank stellen.

2_ Chilischoten abspülen, abtrocknen, längs halbieren und entkernen. Chilischoten in Würfel schneiden. Ananasscheiben auf einem Sieb abtropfen lassen und vierteln. Maiskölbchen ebenfalls abtropfen lassen und evtl. halbieren.

3_ Paprikaschote halbieren, entstielen, entkernen und die weißen Scheidewände entfernen. Schotenhälften abspülen, abtropfen lassen und in kleine Würfel schneiden. Von dem Thai- oder Wildspargel die unteren Enden abschneiden. Spargel abspülen, abtropfen lassen und nach Belieben in längere Stücke schneiden.

4_ Restliches Sesamöl in einem Wok erhitzen. Fleischstreifen darin unter Rühren anbraten, dann am Wokrand hochschieben oder herausnehmen und warm halten.

5_ Chili-, Paprikawürfel, Ananas, Spargel und Maiskölbchen in den Wok geben. Die Zutaten ebenfalls kurz anbraten.

6_ Kokosmilch, Brühe, restliche Sojasauce und Pfeffer mit den Fleischstreifen unterrühren, nochmals kurz erhitzen.

7_ Koriander abspülen und trocken tupfen. Die Blättchen von den Stängeln zupfen. Das Wokgericht evtl. mit etwas Salz abschmecken, mit Korianderblättchen garnieren und mit Kokosraspeln oder -späne bestreut servieren.

Tipp: Dazu nach Belieben zusätzlich Basmatireis in ½ Kokosnuss servieren. Pro Person jeweils 50 g einplanen. Wenn Sie keinen Thaispargel bekommen, können Sie auch dünnen grünen Spargel verwenden.

Pro Portion: E: 28 g, F: 15 g, Kh: 19 g, kJ: 1347, kcal: 322, BE: 1,5

Asia-Geschnetzeltes

4 Portionen – für Gäste

½ Spitzkohl (etwa 500 g)

1 rote Paprikaschote
(etwa 200 g)

150 g frische Sprossen

130 g abgetropfte Aprikosenhälften (aus der Dose)

400 g Rinderfilet (in dünne
Scheiben geschnitten)

2 ½ EL Sesamöl

Salz

gemahlener Pfeffer

200 g Langkornreis

400 ml Gemüsebrühe

2 EL Weißweinessig

3 EL Aprikosensaft
(aus der Dose)

4–5 EL Zitronensaft

3 EL Sojasauce

1 TL Sambal Oelek

1 EL Speisestärke (etwa 12 g)

Zubereitungszeit: **30 Minuten**

1_ Von dem Spitzkohl die äußeren Blätter entfernen, den Kohl halbieren und den Strunk herausschneiden. Spitzkohl abspülen, abtropfen lassen und in feine Streifen schneiden. Paprikaschote halbieren, entstielen, entkernen und die weißen Scheidewände entfernen. Schotenhälften abspülen, abtropfen lassen und ebenso in feine Streifen schneiden.

2_ Die Sprossen verlesen, auf ein Sieb geben, abspülen und gut abtropfen lassen. Von den Aprikosenhälften den Saft auffangen und beiseitestellen. Die Aprikosenhälften in dünne Spalten schneiden.

3_ Das Rinderfilet mit Küchenpapier trocken tupfen, evtl. entfetten und in dünne Streifen schneiden. 1 Esslöffel Sesamöl in einem Wok oder in einer großen Pfanne erhitzen. Die Fleischstreifen darin unter gelegentlichem Rühren bei mittlerer bis starker Hitze in 8–10 Minuten braun anbraten. Fleischstreifen mit Salz und Pfeffer würzen und herausnehmen.

4_ In der Zwischenzeit in einem Topf den Reis mit der Gemüsebrühe nach Packungsanleitung garen. Den Reis evtl. abgießen.

5_ Inzwischen 1 weiteren Esslöffel Sesamöl zu dem verbliebenen Bratfett in den Wok oder in die Pfanne geben und erhitzen. Spitzkohl- und Paprikastreifen hinzufügen und darin unter gelegentlichem Rühren bei mittlerer bis starker Hitze in etwa 4 Minuten bissfest garen.

6_ Sprossen und Aprikosenspalten hinzufügen und alles 2–3 Minuten unter gelegentlichem Rühren weitergaren.

7_ Weißweinessig mit je 3 Esslöffeln Aprikosen-, Zitronensaft und Sojasauce sowie Sambal Oelek und Speisestärke glatt rühren. Die Flüssigkeit zum Gemüse hinzugießen. Die Zutaten kurz aufkochen lassen, mit Sesamöl, Zitronensaft und Salz abschmecken. Dann das Rindergeschnetzelte mit in den Wok oder die Pfanne geben, unterrühren und kurz darin erwärmen. Das Asia-Geschnetzelte mit dem Reis anrichten.

Tipp: Statt Spitzkohl können Sie auch die gleiche Menge Chinakohl für dieses Rezept verwenden. Der Reis kann auch in Salzwasser (ohne Gemüsebrühe) gegart werden. Dabei für die Flüssigkeitsmenge stets die Packungsanleitung beachten. Noch mehr Schärfe bekommt das Asia-Geschnetzelte wenn Sie die Sambal-Oelek-Menge erhöhen. Seien Sie bei der Dosierung jedoch sehr vorsichtig: Sambal Oelek ist eine sehr scharfe Würzpaste. Das Asia-Gemüse kann zusätzlich mit 1–2 Esslöffeln Sherry abgeschmeckt werden.

Pro Portion: E: 30 g, F: 12 g, Kh: 54 g, kJ: 1904, kcal: 455, BE: 4,5

Geflügelstreifenpfanne mit rot-grünem Gemüse

2 Portionen – einfach

350 g Puten- oder Hähnchenschnitzel

1 EL Fischsauce

1 TL China-Gewürzzubereitung

1 TL gemahlener Ingwer

1 TL Speisestärke

150 g Austern- oder Shiitakepilze

250 g dünne, grüne Bohnen

Salz

1 rote Paprikaschote

200 g Zuckerschoten

4 EL Sojaöl

2 EL Sojasauce

evtl. gemahlener Pfeffer

½ TL Sambal Oelek

100 g Sojasprossen

Zubereitungszeit: **30 Minuten**

1_ Puten- oder Hähnchenschnitzel kalt abspülen, trocken tupfen und in dünne Streifen schneiden. Die Fleischstreifen mit Fischsauce, China-Gewürzzubereitung, Ingwer und Speisestärke vermischen.

2_ Austern- oder Shiitakepilze putzen, evtl. kurz abspülen und gut abtropfen lassen. Von den Bohnen die Enden abschneiden, die Bohnen evtl. abfädeln, abspülen, abtropfen lassen und in Stücke schneiden.

3_ Salzwasser zum Kochen bringen und die Bohnenstücke darin etwa 2 Minuten garen. Dann die Bohnenstücke auf einem Sieb abtropfen lassen.

4_ Paprikaschote halbieren, entstielen, entkernen und die weißen Scheidewände entfernen. Schote abspülen, abtropfen lassen und in feine Streifen schneiden. Von den Zuckerschoten die Enden abschneiden. Die Zuckerschoten abspülen und abtropfen lassen.

5_ Einen Esslöffel Sojaöl in einem Wok erhitzen. Die Pilzstücke darin unter Rühren anbraten, dann aus dem Wok nehmen. 1 weiteren Esslöffel Öl im Wok erhitzen. Die Bohnenstücke in den Wok geben und unter Rühren 3–5 Minuten braten. Auch die Bohnenstücke wieder aus dem Wok nehmen.

6_ Restliches Sojaöl im Wok erhitzen und die vorbereiteten Geflügelstreifen darin unter Rühren anbraten. Die Paprikastreifen und Zuckerschoten hinzufügen, kurz unter Rühren mitbraten. Pilze und Bohnen wieder in den Wok geben. Das Ganze mit Sojasauce, evtl. Salz und Pfeffer und Sambal Oelek abschmecken.

7_ Die Sojasprossen abspülen, abtropfen lassen und zum Schluss unterrühren. Die Geflügelstreifenpfanne sofort servieren.

Tipp: Die Sojasprossen 1–2 Minuten in kochendem Salzwasser blanchieren, bevor sie diese unter die Geflügelpfanne rühren.

Pro Portion: E: 56 g, F: 23 g, Kh: 32 g, kJ: 2348, kcal: 561, BE: 2,5

Satéspieße mit Erdnusssauce und Gurkensalat

4 Portionen – gut vorzubereiten

750 g Hähnchenbrustfilet

30 g Ingwer

2 Knoblauchzehen

1 gestr. TL Salz

je ½ TL gemahlener Kreuz-
kümmel (Cumin), Koriander,
Kurkuma (Gelbwurz)

1 ½ TL brauner Zucker

100 ml Kokosmilch

Für die Erdnusssauce:

1 TL Erdnussöl

½ TL gelbe Currypaste

½ TL Chiliflocken

150 g feine Erdnussbutter

250 ml Kokosmilch

1 TL Zucker

1 gestr. TL Salz

Für den Gurkensalat:

1 große Salatgurke

½ rote Chilischote

1 EL Sojasauce

1 TL brauner Zucker

2 EL Weißweinessig

2–3 Stängel Koriander

1–2 EL Sesamöl

12 Holzspieße

Zubereitungszeit: **45 Minuten,
ohne Marinierzeit**

1_ Hähnchenbrustfilet kalt abspülen, trocken tupfen und längs in 3 lange Streifen schneiden. Fleischstreifen nochmals quer halbieren, sodass etwa 24 Streifen entstehen.

2_ Ingwer schälen und in kleine Würfel schneiden. Knoblauch abziehen und ebenfalls klein würfeln. Ingwer- und Knoblauchwürfel in eine Rührschüssel geben. Salz, Gewürze und Zucker hinzugeben. Kokosmilch unterrühren. Die Fleischstreifen in die Marinade legen und mindestens 3 Stunden zugedeckt im Kühlschrank marinieren.

3_ Die Fleischstreifen aus der Marinade nehmen, dabei die Marinade am Schüsselrand etwas abstreifen. Fleischstreifen spiralförmig auf Holzspieße stecken.

4_ Für die Sauce Erdnussöl in einem Topf bei schwacher Hitze erhitzen. Currypaste und Chiliflocken darin unter Rühren aufschäumen lassen. Die Fleischmarinade und Erdnussbutter unterrühren. Kokosmilch hinzugießen. Die Sauce unter Rühren einmal aufkochen lassen und mit Zucker und Salz abschmecken.

5_ Für den Salat die Gurke schälen und die Enden abschneiden. Die Gurke in feine Scheiben schneiden oder hobeln und in eine große Schüssel geben. Chilischotenhälfte entstielen, entkernen, abspülen und trocken tupfen. Schotenhälfte fein hacken und in einen Topf geben. Sojasauce, braunen Zucker und Essig hinzugeben und unter Rühren einmal aufkochen lassen. Den Topf von der Kochstelle nehmen. Die Marinade abkühlen lassen.

6_ Koriander abspülen und trocken tupfen. Die Blättchen von den Stängeln zupfen. Blättchen klein schneiden. Sesamöl unter die abgekühlte Marinade schlagen. Koriander unterrühren.
Die Salatsauce mit den Gurkenscheiben vermischen. Gurkensalat bis zum Servieren zugedeckt in den Kühlschrank stellen.

7_ Den Backofengrill auf etwa 240 °C vorheizen.

8_ Die Satéspieße auf ein Backblech (gefettet) legen und unter dem vorgeheizten Backofengrill von jeder Seite etwa 2 Minuten grillen. Oder die Spieße in eine Alugrillschale (gefettet) legen und auf dem heißen Grillrost von jeder Seite etwa 2 Minuten grillen.

9_ Die Satéspieße mit der Erdnusssauce und dem Gurkensalat servieren.

Pro Portion: E: 57 g, F: 40 g, Kh: 14 g, kJ: 2670, kcal: 641, BE: 1,0

Schweinerippchen mit Pflaumensauce

4 Portionen – gut vorzubereiten

1 ½ kg Schweinerippchen
(Dicke Rippe, in Portions-
stücke geteilt)
etwa 1 ½ l Wasser
2 gestr. TL Salz
1 Zwiebel
1 Knoblauchzehe
1 rote Chilischote
1 EL Speiseöl
100 g entsteinte Backpflaumen
500 ml Orangensaft
1 EL Tomatenmark
25 ml Sojasauce
25 ml Austernsauce

Zubereitungszeit: **30 Minuten,
ohne Durchziehzeit**
Garzeit: **etwa 60 Minuten**

1_ Schweinerippchen kalt abspülen, trocken tupfen und in einen großen
Topf legen. Wasser und Salz hinzufügen.

2_ Das Wasser zum Kochen bringen. Die Rippchen zugedeckt etwa
50 Minuten bei schwacher Hitze kochen lassen, bis das Fleisch weich
ist.

3_ Inzwischen Zwiebel und Knoblauch abziehen, klein würfeln. Chilischote
halbieren, entstielen, entkernen, abspülen, trocken tupfen und fein
hacken.

4_ Speiseöl in einem Topf erhitzen. Zwiebel- und Knoblauchwürfel darin
glasig dünsten. Chilistückchen, Backpflaumen, Orangensaft, Tomatenmark, Sojasauce und Austernsauce hinzugeben. Die Sauce zum Kochen
bringen und etwa 15 Minuten kochen lassen. Dann die Sauce mit einem
Stabmixer fein pürieren.

5_ Die Rippchen aus dem Topf nehmen und in eine Schüssel legen.
Die Pflaumensauce auf den Rippchen verteilen, die Rippchen erkalten
lassen und zugedeckt mindestens 8 Stunden im Kühlschrank durchziehen lassen.

6_ Den Backofengrill auf etwa 240 °C vorheizen.

7_ Die Rippchen aus der Pflaumensauce nehmen und am Schüsselrand
abstreifen. Die Rippchen auf einem Backofenrost verteilen und auf
dem Rost unter den vorgeheizten Backofengrill (untere Einschubleiste)
schieben. Eine Fettpfanne darunterstellen.

8_ Die Schweinerippchen von jeder Seite etwa 5 Minuten grillen.

9_ In der Zwischenzeit die Pflaumensauce in einen Topf geben und
aufkochen lassen. Die Rippchen auf eine Servierplatte legen.
Die Pflaumensauce dazureichen.

Tipp: Sie können die Rippchen auch auf dem Holzkohlegrill grillen.
Für eine Party können Sie die Zutaten gut verdoppeln oder
verdreifachen.

Pro Portion: E: 34 g, F: 40 g, Kh: 26 g, kJ: 2534, kcal: 606, BE: 2,0

Rinderfilet auf Pak Choi

4 Portionen – edel – für Gäste – Zubereitung im Topf mit Dämpfeinsatz, Ø etwa 24 cm

1 Bund Zitronengras oder 2 EL
   gemahlenes Zitronengras
1 kleines Stück Ingwer
600 g Rinderfilet (Mittelstück)
Salz
gemahlener Pfeffer
8 kleine Pak-Choi-Stauden
   (Chinesischer Senfkohl)
2 EL Sesamöl
125 ml Soja- oder Teriyakisauce

Zubereitungszeit: 30 Minuten
Dämpfzeit: 30–35 Minuten

1_ Zitronengras abspülen, abtropfen lassen und aufschlagen. Ingwer schälen, abspülen, abtropfen lassen und in Scheiben schneiden. Den Topf etwa 3 cm hoch mit Wasser füllen, aufgeschlagenes oder gemahlenes Zitronengras und Ingwerscheiben hinzufügen und zum Kochen bringen.

2_ Rinderfilet mit Küchenpapier trocken tupfen, mit Salz und Pfeffer bestreuen. Filet in einen Dämpfeinsatz legen. Den Einsatz in den Topf hängen und mit einem Deckel verschließen. Wasser nur noch leicht köcheln lassen. Das Filet 20–25 Minuten dämpfen.

3_ Pak Choi putzen, dabei die Stauden ganz lassen. Stauden abspülen und abtropfen lassen. Filet aus dem Dämpfeinsatz nehmen und warm stellen. 4 Pak-Choi-Stauden in den Dämpfeinsatz legen, mit einem Deckel verschließen und etwa 5 Minuten dämpfen. Stauden herausnehmen und warm stellen. Die restlichen Stauden auf die gleiche Weise zubereiten, evtl. heißes Wasser nachfüllen.

4_ Sesamöl in einer Pfanne erwärmen. Die gedämpften Pak-Choi-Stauden hinzugeben und darin schwenken. Pak Choi mit Salz und Pfeffer würzen.

5_ Rinderfilet in Scheiben schneiden, mit Pfeffer und Salz bestreuen. Das Filet mit Pak Choi und Soja- oder Teriyakisauce servieren.

Variante: Für **Pak Choi mit Koriander-Pesto** (2 Portionen, Zubereitung im Bambusdämpfer, Ø etwa 26 cm) 60 g Pinien- oder Cashewkerne in einer Pfanne ohne Fett unter Rühren hellbraun rösten, dann abkühlen lassen. 8 Pak-Choi-Stauden putzen, abspülen und abtropfen lassen. Jeweils 4 Pak-Choi-Stauden in einen Dämpfeinsatz (dünn mit Speiseöl ausgestrichen) legen und mit dem Deckel verschließen. Eine große Pfanne oder einen Wok etwa 3 cm hoch mit Wasser füllen, Wasser zum Kochen bringen. Bambusdämpfer hineinsetzen und das Gemüse 4–6 Minuten dämpfen. 1 Knoblauchzehe abziehen und fein würfeln. 2 Bund Koriander abspülen, trocken tupfen, die Blättchen von den Stängeln zupfen. Die Blättchen mit Knoblauch und 100 ml Olivenöl pürieren. Pinien- oder Cashewkerne fein hacken, mit 60 g geriebenem Parmesan unter die pürierte Mischung rühren. Pesto mit Salz und Pfeffer würzen. Pak Choi nach Belieben salzen und mit dem Koriander-Pesto servieren.

Pro Portion: E: 38 g, F: 13 g, Kh: 8 g, kJ: 1278, kcal: 303, BE: 0,5

Reispapierröllchen, gefüllt

4 Portionen – dauert länger

50 g Glasnudeln
2 Rumpsteaks (je etwa 180 g)
125 g Zwiebeln
6 EL Speiseöl, z. B. Maiskeimöl
Salz
75 g Chinakohl
200 g Möhren
200 g Salatgurke
100 g Römersalat
je 3 Stängel Minze, Koriander
   und Basilikum

Für die Nuoc-Cham-Sauce:
1 große Knoblauchzehe
½ rote Chilischote
5 EL Limettensaft
3 EL Fischsauce
3 EL Zucker
3 EL Wasser
lauwarmes Wasser

12 Reisteigblätter
   (Ø etwa 22 cm, erhältlich im
   Asialaden oder in Spezialitätenabteilungen von Supermärkten)

Zubereitungszeit: **60 Minuten**

1_ Glasnudeln nach Packungsanleitung zubereiten und gut abtropfen lassen, mit der Küchenschere kleiner schneiden.

2_ Rumpsteaks mit Küchenpapier trocken tupfen und in etwa ½ cm dicke Streifen schneiden. Zwiebeln abziehen, halbieren, in sehr feine Spalten schneiden.

3_ Die Hälfte des Speiseöls in einer Pfanne erhitzen. Die Zwiebelspalten darin goldbraun braten, mit Salz würzen, aus der Pfanne nehmen und erkalten lassen.

4_ Das restliche Speiseöl in der Pfanne erhitzen. Die Fleischstreifen darin bei starker Hitze etwa 2 Minuten von allen Seiten kräftig anbraten, mit Salz würzen, herausnehmen und erkalten lassen.

5_ Chinakohl putzen, abspülen und gut abtropfen lassen. Chinakohl in etwa 8 cm lange, dünne Streifen schneiden. Möhren putzen, schälen, abspülen und abtropfen lassen. Gurke schälen und die Enden abschneiden. Möhren und Salatgurke in etwa 8 cm lange, sehr feine Streifen schneiden.

6_ Den Römersalat putzen, abspülen, gut abtropfen lassen und ebenfalls in 8 cm lange Streifen schneiden. Minze, Koriander und Basilikum abspülen und trocken tupfen. Die Blättchen von den Stängeln zupfen und grob hacken.

7_ Für die Nuoc-Cham-Sauce Knoblauch abziehen und fein hacken. Chilischotenhälfte entstielen und evtl. entkernen, abspülen, abtropfen lassen und ebenfalls fein hacken. Knoblauch und Chili mit Limettensaft, Fischsauce, Zucker und Wasser verrühren. Die Sauce stehen lassen, bis sich der Zucker gelöst hat, dabei ab und zu umrühren.

8_ Lauwarmes Wasser auf einen großen Teller gießen. Ein Reisteigblatt hineinlegen und kurz quellen lassen, bis es weich ist. Dann das Reisteigblatt auf ein feuchtes Küchentuch auf der Arbeitsfläche legen. Etwas von den Glasnudeln in die Mitte des Reisteigblattes legen. Einige Möhren-, Gurken-, Salat- und Rindfleischstreifen, Kräuter, Zwiebelspalten und Chinakohlstreifen zu einem Rechteck darauflegen.

9_ Zuerst die Seiten des Reisteigblattes über die Füllung klappen und dann das Blatt von unten her fest aufrollen. Auf die gleiche Weise weitere 11 Röllchen zubereiten. Jedes Röllchen mit einem scharfen Messer halbieren und mit der Sauce servieren.

Pro Portion: E: 24 g, F: 13 g, Kh: 48 g, kJ: 1716, kcal: 408, BE: 3,5

Thai-Fondue mit süßsaurem Salat

4 Portionen – für Gäste

400 g Hähnchenbrustfilet
40 g Ingwer
3 Knoblauchzehen
Currypulver
Chilipulver

Für den Salat:
250 g Möhren
2 EL Speiseöl, z. B.
  Sonnenblumenöl
Salz
½ Salatgurke (etwa 250 g)
200 g abgetropfter, eingelegter
  Kürbis (aus dem Glas)
½ Bund Minze
2–3 EL Obstessig
gemahlener Pfeffer
1–2 TL Zucker

200 g TK-Garnelen
  (entdarmt, ohne Kopf
  und Schale)
200 g Kabeljau- oder Viktoria-
  barschfilet
400 ml Kokosmilch
200 ml Hühnerbrühe
1 EL Zitronengras-Paste
  (aus dem Glas)

Zubereitungszeit: **30 Minuten,
ohne Durchziehzeit**

1_ Hähnchenbrustfilet kalt abspülen, trocken tupfen und in etwa
2 cm große Stücke schneiden. Ingwer schälen und in kleine Würfel
schneiden, etwa die Hälfte zu den Hähnchenstücken geben. Knoblauch
abziehen und fein würfeln. Das Hähnchenfleisch mit Knoblauch, Curry
und Chili würzen und etwa 2 Stunden zugedeckt im Kühlschrank
durchziehen lassen.

2_ In der Zwischenzeit für den Salat Möhren putzen, schälen, abspülen,
abtropfen lassen und würfeln. Das Speiseöl in einer Pfanne erhitzen.
Die Möhrenwürfel etwa 5 Minuten darin dünsten. Möhren mit Salz
abschmecken, herausnehmen und abkühlen lassen.

3_ Die Gurke abspülen, abtrocknen und das Ende abschneiden. Die Gurke
der Länge nach halbieren und entkernen. Gurkenhälften in Würfel
schneiden. Kürbis in kleine Stücke schneiden. Minze abspülen und
trocken tupfen. Die Blättchen von den Stängeln zupfen, einige Blättchen zum Garnieren beiseitelegen. Restliche Blättchen klein schneiden.

4_ Gurkenwürfel, Kürbisstücke, Minze und 2–3 Esslöffel Obstessig zu den
Möhren geben. Den Salat mit Salz, Pfeffer und Zucker würzen und
mindestens 1 Stunde zugedeckt durchziehen lassen.

5_ In der Zwischenzeit die Garnelen nach Packungsanleitung auftauen.
Fischfilet und die Garnelen kalt abspülen und trocken tupfen. Fischfilet
in etwa 2 cm große Stücke schneiden. Die Garnelen mit dem Fisch und
dem Hähnchenfleisch auf einer Platte anrichten.

6_ Die Kokosmilch mit Hühnerbrühe in einem Fondue-Topf erhitzen, mit
restlichem Ingwer und Zitronengras-Paste würzen. Hähnchen-, Fischstücke und Garnelen darin am besten mithilfe von Fondue-Körbchen
garen.

7_ Den Salat vor dem Servieren nochmals mit den Gewürzen abschmecken
und mit der beiseitegelegten Minze garnieren.

Pro Portion: E: 45 g, F: 25 g, Kh: 13 g, kJ: 1930, kcal: 464, BE: 1,0

Teriyaki-Hähnchen

4 Portionen – beliebt – mit Alkohol

800 g Hähnchenbrustfilet
15 g Ingwer
6 EL Sake
(japanischer Reiswein)
6 EL Sojasauce
6 EL Mirin
(japanischer Reiswein)
6 TL Zucker

300 g Sushireis
500 ml kaltes Wasser
1 gestr. TL Salz
2 EL geschälter Sesamsamen
1 Frühlingszwiebel
5 EL Speiseöl,
z. B. Sonnenblumenöl

Zubereitungszeit: **35 Minuten, ohne Durchzieh- und Einweichzeit**

1_ Hähnchenbrustfilet kalt abspülen und mit Küchenpapier trocken tupfen. Hähnchenbrustfilet in etwa 2 cm breite Scheiben schneiden.

2_ Ingwer schälen und fein würfeln. Sake mit Sojasauce, Mirin und Zucker verrühren. Ingwerwürfel unterrühren, mit den Filetscheiben mischen und zugedeckt etwa 30 Minuten im Kühlschrank durchziehen lassen.

3_ In der Zwischenzeit den Reis auf ein Sieb geben und so lange unter fließendem kalten Wasser abspülen, bis das Wasser klar abläuft. Den Reis mit dem Wasser in einen weiten Topf geben und etwa 30 Minuten einweichen.

4_ Anschließend den Reis mit Salz bei mittlerer Hitze zugedeckt zum Kochen bringen und zugedeckt bei schwacher Hitze etwa 20 Minuten garen. Evtl. den Reis anschließend bei geöffnetem Deckel noch etwas ausdampfen lassen.

5_ Inzwischen Sesamsamen in einer Pfanne ohne Fett unter Rühren goldbraun rösten, herausnehmen und auf einen Teller geben.

6_ Die Frühlingszwiebel putzen, abspülen, abtropfen lassen. Frühlingszwiebel schräg in sehr feine Scheiben oder feine Streifen schneiden. Die Frühlingszwiebelscheiben oder -streifen bis zur Verwendung in kaltes Wasser legen.

7_ Fleisch auf einem Sieb abtropfen lassen, dabei die Marinade auffangen. Das Speiseöl in einer großen Pfanne erhitzen. Die Hähnchenfiletscheiben darin bei starker Hitze unter Rühren kräftig anbraten. Die Marinade dazugießen und unter Rühren weiterbraten, bis die Marinade dickflüssig eingekocht ist (1–2 Minuten).

8_ Die Frühlingszwiebelscheiben oder -streifen gut abtropfen lassen. Das Teriyaki-Hähnchen auf dem heißen Reis anrichten, mit Frühlingszwiebelscheiben oder -streifen und Sesam bestreut servieren.

Pro Portion: E: 54 g, F: 17 g, Kh: 69 g, kJ: 2807, kcal: 667, BE: 5,5

Wan Tans, gefüllt mit Hähnchenbrustfilet

24 Stück – für Gäste – Zubereitung im Bambusdämpfer, Ø etwa 26 cm

Für den Curry-Dip:

2 EL Sonnenblumenöl

2 fein gewürfelte Schalotten

2 EL Senfkörner

2 gestr. TL Currypulver

250 ml Geflügelfond

1 EL fein gehackte Korianderblättchen

1 fein gewürfelte Tomate

etwa 100 g fein gewürfeltes
   Mangofruchtfleisch

Salz

Für die Füllung:

200 g Hähnchenbrustfilet

2 Frühlingszwiebeln

1 fein gehackte Knoblauchzehe

½ TL geschroteter Chili

1 EL fein gehackte Korianderblättchen

2 EL Fischsauce

2 EL Sojasauce

4 EL gehackte Cashewkerne

abgeriebene Schale von
   1 Bio-Zitrone

24 Wan-Tan-Teigblätter
   (etwa 10 x 10 cm, erhältlich
   im Asialaden)

**Zubereitungszeit: 45 Minuten,
ohne Abkühlzeit**
Dämpfzeit: **etwa 10 Minuten**

1_ Für den Curry-Dip Sonnenblumenöl in einer Pfanne erhitzen. Schalottenwürfel und Senfkörner darin unter Rühren andünsten, dann mit Curry bestäuben. Fond unterrühren und bei schwacher Hitze köcheln lassen, bis die Flüssigkeit fast vollständig verdampft ist, gelegentlich umrühren. Masse erkalten lassen.

2_ Koriander, Tomaten- und Mangowürfel unter die Schalotten-Curry-Masse rühren. Curry-Dip mit Salz abschmecken.

3_ Für die Füllung das Hähnchenbrustfilet kalt abspülen, trocken tupfen, fein schneiden oder durch einen Fleischwolf drehen. Frühlingszwiebeln putzen, abspülen, abtropfen lassen und in feine Scheiben schneiden. Hähnchenfleisch mit den Frühlingszwiebelscheiben in eine Schüssel geben. Restlich Zutaten für die Füllung hinzugeben und miteinander vermischen, mit Salz würzen.

4_ Die Wan-Tan-Teigblätter nebeneinander auf der Arbeitsfläche ausbreiten. 1 Teigblatt mit kaltem Wasser bestreichen und mittig mit 1 Esslöffel von der Füllung belegen. Die Teigecken hochnehmen und zu einem Säckchen zusammendrehen. Dieses mit einem feuchten Geschirrtuch bedecken. Die restlichen Wan Tans nacheinander auf die gleiche Weise zubereiten.

5_ Wan Tans mit etwas Abstand in die Einsätze (dünn mit Speiseöl ausgestrichen) legen. Einsätze aufeinanderstellen und mit dem Deckel verschließen. Eine große Pfanne etwa 3 cm hoch mit Wasser füllen und das Wasser zum Kochen bringen.

6_ Den Bambusdämpfer hineinsetzen. Die Wan Tans etwa 10 Minuten dämpfen, evtl. heißes Wasser nachfüllen. Wan Tans vorsichtig aus dem Dämpfer nehmen und mit dem Curry-Dip servieren.

Pro Stück: E: 4 g, F: 3 g, Kh: 7 g, kJ: 277, kcal: 66, BE: 0,5

Rote Currylinsen mit Hähnchenschenkeln

4 Portionen – preiswert

3 TL rote Currypaste

2 EL Tomatenketchup

1 TL flüssiger Honig

4 Hähnchenschenkel
  (je etwa 125 g)

Salz

gemahlener Pfeffer

1 EL Sesamöl

750 ml heiße Hühnerbrühe

500 g festkochende Kartoffeln

4–5 Stängel Koriander

250 g rote Linsen

1 Bio-Limette

Zubereitungszeit: **45 Minuten**

Garzeit: **etwa 30 Minuten**

1_ Die Currypaste mit Ketchup und Honig verrühren.

2_ Hähnchenschenkel kalt abspülen, trocken tupfen und halbieren. Die Hähnchenschenkel mit Salz und Pfeffer würzen und anschließend mit der Curry-Ketchup-Mischung bestreichen.

3_ Sesamöl in einer Pfanne erhitzen. Die Hähnchenschenkel darin bei mittlerer Hitze braten, dabei die Hähnchenschenkel gelegentlich wenden.

4_ Inzwischen die Brühe in einem Topf zum Kochen bringen. Kartoffeln schälen, abspülen, abtropfen lassen und in kleine, etwa 1 cm große Würfel schneiden. Kartoffelwürfel in die Brühe geben, zum Kochen bringen und etwa 10 Minuten kochen.

5_ Koriander abspülen und trocken tupfen. Die Blättchen von den Stängeln zupfen (einige Blättchen zum Garnieren beiseitelegen). Blättchen grob zerschneiden.

6_ Linsen auf ein Sieb geben, abspülen, abtropfen lassen und zu den Kartoffelwürfeln geben. Die Zutaten wieder zum Kochen bringen. Korianderblättchen hinzugeben und alles weitere etwa 10 Minuten garen.

7_ Limette heiß abwaschen, abtrocknen und halbieren. 1 Limettenhälfte auspressen, die andere Hälfte in feine Scheiben schneiden.

8_ Currylinsen mit Limettensaft abschmecken, die Limettenscheiben hinzugeben. Die Currylinsen in 4 tiefen Tellern verteilen und jeweils 1 Hähnchenschenkel drauflegen, mit den beiseitegelegten Korianderblättchen garniert servieren.

Tipp: Currylinsen vor dem Servieren mit 2 Esslöffeln Crème fraîche verfeinern.

Pro Portion: E: 40 g, F: 17 g, Kh: 59 g, kJ: 2343, kcal: 557, BE: 5,0

Hähnchenspieße mit Pflaumen-Sesam-Dip

4 Portionen – raffiniert

12 Hähnchen-Innenbrustfilet-
  Streifen (etwa 600 g)
Salz
gemahlener Pfeffer
7 EL Sojasauce
2 Stangen Porree (Lauch)
30 g frischer Ingwer
3 EL Sesamöl
4–5 EL Orangensaft
75 g Pflaumenmus
2 gestr. TL Sesamsamen

Außerdem:
16 Schaschlikspieße

Zubereitungszeit: **25 Minuten,
ohne Marinierzeit**

1_ Das Hähnchenfleisch kalt abspülen, trocken tupfen und mit etwas
Salz und Pfeffer würzen. Jeden Hähnchenstreifen in 4 Stücke teilen
und in einer Schüssel mit 6 Esslöffeln von der Sojasauce verrühren.
Das Hähnchenfleisch darin etwa 20 Minuten marinieren lassen,
dabei zwischendurch 2–3-mal wenden.

2_ Porree putzen, die Stangen längs halbieren, gründlich waschen und
abtropfen lassen. Den Porree in etwa 5 cm breite Stücke schneiden.
Die Porreestücke in die einzelnen Schichten teilen. Den Ingwer schälen
und in dünne Scheiben schneiden.

3_ Die Hähnchenstücke aus der Marinade nehmen und abwechselnd mit
den Porreestücken und den Ingwerscheiben auf 16 Schaschlikspieße
stecken.

4_ Das Sesamöl in einer großen Pfanne erhitzen. Die Hähnchenspieße
portionsweise darin von allen Seiten in etwa 8 Minuten bei mittlerer
bis starker Hitze goldbraun braten. Die gegarten Hähnchenspieße warm
halten.

5_ In der Zwischenzeit Orangensaft mit der restlichen Sojasauce und
dem Pflaumenmus glatt rühren. Sesamsamen unterrühren.

6_ Die Hähnchenspieße auf Tellern anrichten. Etwas von dem Pflaumen-
Sesam-Dip über die Spieße geben, den restlichen Dip getrennt
dazureichen.

Tipp: Holzspieße vor dem Aufspießen des Fleisches in kaltes
Wasser legen. So lässt sich das Fleisch leichter aufspießen.

Pro Portion: E: 38 g, F: 5 g, Kh: 13 g, kJ: 1068, kcal: 255, BE: 1,0

Hot Pot

4 Portionen – feurig – für Gäste

2 l kräftige Hühnerbrühe

2 EL rote Currypaste

1 walnussgroßes Stück frischer
   Ingwer

100 g Zuckerschoten

100 g abgetropfte Maiskölbchen
   (aus dem Glas)

100 g Thai-Spargel

100 g Shiitakepilze

4 Frühlingszwiebeln

500 g Möhren

300 g Hähnchenbrustfilet

1–2 EL Sesamöl

100 g Sojasprossen

Zum Bestreuen:

4 rote Chilischoten

1 Bund Koriander oder
   Thai-Basilikum

Zubereitungszeit: **30 Minuten**

1_ Die Brühe in einem Topf zum Kochen bringen, dann die Currypaste unterrühren. Ingwer schälen, abspülen, trocken tupfen, fein reiben und in die Brühe geben. Den Topf von der Kochstelle nehmen, die Brühe umfüllen und beiseitestellen.

2_ Von den Zuckerschoten die Enden abschneiden. Zuckerschoten evtl. abfädeln. Maiskölbchen abspülen und gut abtropfen lassen. Spargel abspülen und abtropfen lassen. Shiitakepilze putzen, evtl. kurz abspülen und trocken tupfen.

3_ Frühlingszwiebeln putzen, abspülen und abtropfen lassen. Möhren putzen, schälen, abspülen und abtropfen lassen. Das vorbereitete Gemüse in mundgerechte Stücke schneiden.

4_ Hähnchenbrustfilet kalt abspülen, trocken tupfen und in Scheiben schneiden. Sesamöl in dem Topf erhitzen. Die Hähnchenfleischscheiben darin kurz von beiden Seiten anbraten, dann wieder herausnehmen.

5_ Die vorbereiteten Gemüsestücke in 2 Portionen in dem verbliebenen Bratfett unter Wenden andünsten. Anschließend die Hähnchenfleischscheiben mit dem angedünsteten Gemüse wieder in den Topf geben.

6_ Die beiseitegestellte Brühe hinzugießen, die Zutaten zum Kochen bringen und bei mittlerer Hitze etwa 10 Minuten kochen lassen.

7_ In der Zwischenzeit Sojasprossen verlesen, abspülen und gut abtropfen lassen. Chilischoten abspülen, abtrocknen und in Ringe schneiden. Koriander oder Thai-Basilikum abspülen, trocken tupfen und die Blättchen von den Stängeln zupfen.

8_ Sojasprossen zu der Suppe geben und darin kurz erwärmen. Hot Pot in großen Suppenschalen anrichten, mit Chiliringen und Koriander- oder Basilikumblättchen bestreut servieren.

Pro Portion: E: 25 g, F: 7 g, Kh: 22 g, kJ: 1070, kcal: 255, BE: 1,5

Geflügelsaté, in Soja mariniert

2 Portionen – gut vorzubereiten

etwa 350 g Hähnchenbrustfilet
gemahlener Pfeffer
gemahlener Koriander
1 kleines Bund Bärlauch oder
   Schnittknoblauch
1 EL Sojasauce
1 EL Sesamöl

Für den Dip:
1 EL Erdnusscreme
2 EL Crème fraîche
Salz

1–2 EL Sesamöl

Außerdem:
4–6 Holzspieße

Zubereitungszeit: **30 Minuten,
ohne Marinierzeit**

1_ Hähnchenbrustfilet kalt abspülen und trocken tupfen. Filet in Würfel schneiden und auf die Holzspieße stecken. Die Spieße in eine flache Schale legen und rundherum mit Pfeffer und Koriander bestreuen.

2_ Bärlauch oder Schnittknoblauch abspülen und gut trocken tupfen. Vom Bärlauch die Stiele abschneiden. Die Bärlauchblätter oder den Schnittknoblauch klein schneiden und auf den Spießen verteilen. Sojasauce und Sesamöl daraufträufeln. Die Spieße zugedeckt im Kühlschrank mindestens 15 Minuten marinieren, dabei die Spieße einmal wenden.

3_ In der Zwischenzeit für den Dip Erdnusscreme mit Crème fraîche verrühren und mit Salz und Pfeffer abschmecken. Den Dip zugedeckt in den Kühlschrank stellen.

4_ Sesamöl in einer Pfanne erhitzen. Marinierte Spieße hineinlegen und zugedeckt bei mittlerer Hitze etwa 10 Minuten garen.

5_ Geflügelsaté auf Tellern anrichten, evtl. noch mit etwas Salz bestreuen. Den Dip dazureichen.

Beilage: Dazu schmeckt gemischter Salat oder Reis.

Tipp: Saté ist ein typisches indonesisches Gericht. Mariniertes Fleisch, Gefügel, Fisch oder Garnelen werden auf Spieße gesteckt und gerne mit Erdnusssauce serviert.

Pro Portion: E: 46 g, F: 20 g, Kh: 5 g, kJ: 1593, kcal: 383, BE: 0,5

Putenbrust in Curry-Kokosmilch

4 Portionen – für Gäste

450 g Putenbrustschnitzel

3 Stängel Zitronengras

2 Chilischoten

2 TL Currypulver

1 TL gemahlener Kreuzkümmel
(Cumin)

1 gestr. TL Salz

2 Knoblauchzehen

2 Stangen Porree (Lauch)

1 rote Paprikaschote

6 EL Sojaöl

400 ml Kokosmilch

Saft von 1 Limette

1 EL kaltes Wasser

2 TL Speisestärke

Zubereitungszeit: **40 Minuten**

1_ Putenbrustschnitzel kalt abspülen, trocken tupfen und in feine Streifen schneiden. Von dem Zitronengras die losen Blätter entfernen und das obere Drittel abschneiden. Zitronengras abspülen, trocken tupfen und in hauchdünne Scheiben schneiden.

2_ Chilischoten halbieren, entstielen und entkernen. Schotenhälften abspülen, trocken tupfen und in feine Würfel schneiden. Fleischstreifen mit Zitronengrasscheiben, Chiliwürfeln, Curry, Kreuzkümmel und Salz vermischen.

3_ Knoblauch abziehen und in feine Würfel schneiden. Porree putzen, die Stangen längs halbieren, gründlich waschen und abtropfen lassen. Porreestangen in etwa 1 cm lange Stücke schneiden.

4_ Paprikaschote halbieren, entstielen, entkernen und die weißen Scheidewände entfernen. Schotenhälften abspülen, abtropfen lassen und in Streifen schneiden.

5_ Sojaöl in einem Wok erhitzen. Die Fleischstreifen darin unter Rühren anbraten. Knoblauchwürfel und Paprikastreifen hinzufügen und kurz mit anbraten.

6_ Kokosmilch und Limettensaft hinzugießen und kurz aufkochen lassen. Porreestücke unterrühren. Wasser mit Speisestärke verrühren, unterrühren und unter Rühren kurz aufkochen lassen. Putenbrust in Curry-Kokosmilch anrichten und sofort servieren.

Beilage: Basmatireis.

Pro Portion: E: 31 g, F: 34 g, Kh: 10 g, kJ: 1952, kcal: 470, BE: 0,5

Gebratene Mie-Nudeln mit Putenstreifen

4 Portionen – einfach

etwa 15 g getrocknete
  Mu-err-Pilze
250 g Mie-Nudeln
  (asiatische Instant-Nudeln)
300 g Putenbrustschnitzel
1 EL Austernsauce
1 TL China-Gewürzzubereitung
1 TL gemahlener Kreuzkümmel
  (Cumin)
1 TL Speisestärke
250 g Möhren
2 Stangen Porree (Lauch)
6 EL Sojaöl
2 EL Sojasauce
1 EL Sambal Sauce (feurig-scharf)
  oder ½ TL Sambal Oelek

Zubereitungszeit: **30 Minuten,
ohne Einweichzeit**

1_ Mu-err-Pilze nach Packungsanleitung einweichen. Mie-Nudeln nach Packungsanleitung zubereiten, dann auf ein Sieb geben und abtropfen lassen, nach Belieben mit einer Küchenschere in mundgerechte Stücke schneiden.

2_ Putenschnitzel kalt abspülen, trocken tupfen und in dünne Streifen schneiden. Fleischstreifen mit Austernsauce, China-Gewürzzubereitung, Kreuzkümmel und Speisestärke vermischen.

3_ Möhren putzen, schälen, abspülen, abtropfen lassen und in dünne Scheiben schneiden. Porree putzen, die Stangen längs halbieren, gründlich waschen und abtropfen lassen. Porree in etwa 1 cm lange Stücke schneiden. Mu-err-Pilze abtropfen lassen, evtl. putzen und in Streifen schneiden.

4_ Etwa die Hälfte des Sojaöls in einem Wok erhitzen. Die Nudeln darin kurz unter Rühren anbraten, herausnehmen und warm stellen. Restliches Sojaöl in dem Wok erhitzen. Die Fleischstreifen darin ebenfalls unter Rühren anbraten.

5_ Möhrenscheiben hinzufügen und kurz mitbraten. Dann die Pilzstreifen und Porreestücke unterrühren und 1–2 Minuten mitgaren. Zum Schluss die Nudeln wieder in den Wok geben, kurz erwärmen und mit Sojasauce und Sambal Sauce oder Sambal Oelek abschmecken.

Tipp: Austernsauce ist ganz typisch für die asiatische Küche. Sie schmeckt leicht fischig und hat eine dunkelbraune Farbe. Sie wird zum Abschmecken von Gerichten benutzt.

Pro Portion: E: 28 g, F: 17 g, Kh: 55 g, kJ: 2032, kcal: 483, BE: 4,5

Rot geschmorter Schweinebauch

4 Portionen – etwas deftiger – mit Alkohol

750 g Schweinebauch
  (mit Schwarte)
2 l Wasser
1 gestr. TL Salz
1 Lorbeerblatt
4 EL Speiseöl,
  z. B. Sonnenblumenöl
2 Sternanis
500 ml Fleischbrühe
80 g süße Bohnenpaste
80 ml helle Sojasauce
2 EL Zucker
250 ml Reiswein
½ TL Salz
2 Frühlingszwiebeln
1 EL Sesamöl

Zubereitungszeit: **20 Minuten,
ohne Abkühlzeit**
Garzeit: **etwa 40 Minuten**

1_ Den Schweinebauch kalt abspülen und mit Wasser bedeckt in einem Topf zum Kochen bringen. Salz und Lorbeerblatt hinzufügen. Den Schweinebauch etwa 15 Minuten bei schwacher Hitze köcheln lassen.

2_ Dann den Topf von der Kochstelle nehmen und den Schweinebauch in dem Sud etwa 30 Minuten abkühlen lassen.

3_ Das Fleisch aus dem Sud nehmen, etwas abtropfen lassen und in mundgerechte Stücke schneiden.

4_ Speiseöl in einem Wok erhitzen. Sternanis darin anbraten. Fleischbrühe, Bohnenpaste, Sojasauce, Zucker, Reiswein und Salz hinzugeben, unterrühren und etwa 5 Minuten kochen lassen.

5_ Die Schweinebauchstücke hinzugeben und etwa 20 Minuten bei schwacher Hitze kochen, dabei soll die Sauce etwas einkochen.

6_ Frühlingszwiebeln putzen, abspülen, abtropfen lassen und in Stücke schneiden. Die Frühlingszwiebelstücke mit in den Wok geben und kurz mitkochen.

7_ Vor dem Servieren das Sesamöl in das Pfannengericht rühren und den rot geschmorten Schweinebauch servieren.

Tipp: Reis oder asiatische Nudeln.

Pro Portion: E: 35 g, F: 69 g, Kh: 16 g, kJ: 3547, kcal: 847, BE: 1,5

Schweinefleisch auf chinesische Art

4 Portionen – gut vorzubereiten

400 g Schweineschnitzel

2 EL Sojasauce

1 TL mittelscharfer Senf

1 EL Schlagsahne

1 TL Speiseöl,
  z. B. Sesamöl

10 g getrocknete Mu-err-Pilze

500 g Porree (Lauch)

2 Stangen Staudensellerie

100 g Glasnudeln

5 EL Speiseöl, z. B. Sesam- oder
  Sonnenblumenöl

Salz

gemahlener Pfeffer

1–2 EL Sojasauce

175 g abgetropfte Sojabohnen-
  sprossen (aus dem Glas)

175 g abgetropfte Bambus-
  sprossen, in Streifen
  (aus dem Glas)

125 ml Fleischbrühe

2 EL Sojasauce

**Zubereitungszeit: 50 Minuten,
ohne Einweichzeit**

1_ Schweineschnitzel mit Küchenpapier trocken tupfen und in dünne Streifen schneiden. Sojasauce mit Senf, Sahne und Speiseöl verrühren, mit den Fleischstreifen vermischen.

2_ Pilze in eine Schüssel geben, mit kochend heißem Wasser übergießen und nach Packungsanleitung einweichen.

3_ Porree putzen, die Stangen längs halbieren, gründlich waschen, abtropfen lassen und in dünne Streifen schneiden.

4_ Staudensellerie putzen und die harten Außenfäden abziehen. Sellerie abspülen, abtropfen lassen und in Streifen schneiden.

5_ Die Glasnudeln nach Packungsanleitung zubereiten. Pilze auf einem Sieb abtropfen lassen, evtl. putzen und in kleine Stücke schneiden.

6_ Drei Esslöffel Speiseöl in einem Wok oder einer großen Pfanne erhitzen. Die Fleischstreifen darin in 2 Portionen jeweils etwa 3 Minuten braten und herausnehmen. Mit Salz, Pfeffer und Sojasauce würzen.

7_ Das restliche Speiseöl in dem Wok oder der Pfanne erhitzen. Das Gemüse und die Pilze darin unter Rühren etwa 5 Minuten dünsten. Fleischstreifen hinzugeben und unterrühren. Die Fleischbrühe und Sojasauce hinzugießen, vorsichtig durchrühren und erhitzen.

8_ Die Glasnudeln mit einer Schere in mundgerechte Stücke schneiden und unterrühren. Das Gericht mit etwas Salz und Pfeffer abschmecken.

Tipp: Wenn Sie mögen, servieren Sie zusätzlich noch Reis dazu und garnieren Sie das Ganze mit frischen Kräuterblättchen (z. B. Petersilie oder Koriander).

Pro Portion: E: 30 g, F: 18 g, Kh: 29 g, kJ: 1674, kcal: 400, BE: 2,0

Schweinefleisch süßsauer

4 Portionen – fruchtig-pikanter Genuss

500 g mageres Schweinefleisch,
z. B. Schnitzelfleisch

Für die Marinade:
2 TL Speisestärke
2 EL helle Sojasauce
1 EL Zitronensaft

3 Möhren
2 kleine Stangen Staudensellerie
2–3 Frühlingszwiebeln
1 Bio-Orange
3–4 Stängel Koriander
2 EL Speiseöl, z. B. Maiskeimöl
Sojasauce
1 TL flüssiger Honig
einige Spritzer Zitronensaft

Zubereitungszeit: **40 Minuten,
ohne Durchziehzeit**

1_ Schweinefleisch mit Küchenpapier trocken tupfen und würfeln. Für die Marinade Speisestärke mit Sojasauce und Zitronensaft verrühren. Die Fleischwürfel mit der Marinade vermischen und 20–30 Minuten ziehen lassen.

2_ Die Möhren putzen, schälen, abspülen, abtropfen lassen, längs halbieren und in Scheiben schneiden. Staudensellerie putzen und die harten Außenfäden abziehen. Die Stangen abspülen, abtropfen lassen und in dünne Streifen schneiden. Frühlingszwiebeln putzen, abspülen, abtropfen lassen und in Scheiben schneiden.

3_ Orange heiß abwaschen, abtrocknen und etwas Schale mit der Küchenreibe abreiben. Die restliche Schale mit einem scharfen Messer so schälen, dass die weiße Haut mitentfernt wird. Die Orangenfilets herausschneiden.

4_ Koriander abspülen und trocken tupfen. Die Blättchen von den Stängeln zupfen und klein schneiden.

5_ Speiseöl in einem Wok erhitzen. Die Fleischwürfel mit der Marinade darin unter ständigem Rühren anbraten. Möhrenscheiben, Sellerie-streifen und Frühlingszwiebelscheiben hinzugeben und 5–8 Minuten garen. Dabei immer wieder umrühren. Gegen Ende der Garzeit Orangenfilets mit abgeriebener Orangenschale und Koriander unterheben. Das Schweinfleisch süßsauer mit Sojasauce, Honig und Zitronensaft abschmecken.

Beilage: Reis oder chinesische Nudeln.

Pro Portion: E: 30 g, F: 8 g, Kh: 15 g, kJ: 1079, kcal: 258, BE: 1,0

China-Ente

4 Portionen – klassisch – dauert länger

1 küchenfertige Ente
   (etwa 2 kg)
Salz
100 ml Wasser
3 EL flüssiger Honig
1 TL gemahlener Ingwer
heißes Wasser

Für die Sauce:
2 EL Wasser
4 EL süße Sojabohnenpaste
4 EL Zucker
2 EL Sesamöl

8 kleine Stangen Porree (Lauch)
Küchengarn

Zubereitungszeit: **30 Minuten,
ohne Marinierzeit**
Garzeit: **2 ¼ – 2 ½ Stunden**

1_ Die Ente innen und außen kalt abspülen und trocken tupfen. Evtl. das Fett aus der Bauchhöhle entfernen. Die Ente innen mit Salz einreiben und in eine große Schüssel legen.

2_ Wasser in einem kleinen Topf zum Kochen bringen. Honig darin unter Rühren schmelzen. 2 Teelöffel Salz und Ingwer unterrühren. Die Ente gleichmäßig mit der Marinade bestreichen und zugedeckt im Kühlschrank 10–24 Stunden marinieren.

3_ Den Backofen vorheizen.
Ober-/Unterhitze: etwa 180 °C, Heißluft: etwa 160 °C

4_ Die Ente aus der Marinade nehmen. Keulen und Flügel zusammenbinden. 50 ml Wasser in einen Bräter geben. Die Ente mit der Brust nach unten hineinlegen. Dann den Bräter ohne Deckel auf dem Rost in den vorgeheizten Backofen schieben und die Ente 2 ¼–2 ½ Stunden garen. Die Ente während der Garzeit mehrmals unterhalb der Flügel und Keulen mit einer Nadel einstechen, damit das Fett besser ausbraten kann.

5_ Nach etwa 30 Minuten Garzeit das angesammelte Fett abschöpfen (den Vorgang wiederholen). Sobald der Bratensatz bräunt, etwas heißes Wasser hinzugeben. Verdampfte Flüssigkeit nach und nach durch heißes Wasser ersetzen. Ente während der Garzeit mit der restlichen Marinade bestreichen.

6_ Etwa 10 Minuten vor Ende der Garzeit die Backofentemperatur um etwa 40 °C erhöhen, damit die Haut knusprig und goldbraun wird.

7_ Für die Sauce Wasser mit Sojabohnenpaste und Zucker in einem Topf verrühren. Das Sesamöl erhitzen, zur angerührten Paste geben und unter Rühren etwas einkochen lassen.

8_ Porree putzen, die Stangen gründlich waschen, trocken tupfen und in etwa 7 cm lange Stücke schneiden. Die Porreestangen an einem Ende mehrmals einschneiden und in Eiswasser legen. Dadurch biegen sich die geschnittenen Porreestreifen nach außen, sodass ein dekorativer Pinsel entsteht. Die Ente auf einer großen Platte mit den Porreepinseln anrichten. Die Sauce getrennt dazureichen.

Pro Portion: E: 65 g, F: 42 g, Kh: 31 g, kJ: 3171, kcal: 757, BE: 2,5

Chop Suey

4 Portionen – schnell

500 g Putenbrustfilet

2 Stangen Porree (Lauch)

300 g Möhren

250 g Champignons

175 g Sojasprossen

100 g Glasnudeln

3 EL Speiseöl,

   z. B. Sonnenblumenöl

Salz

gemahlener Pfeffer

200 g TK-Erbsen

250 ml Hühnerbrühe

Sojasauce

Zubereitungszeit: **30 Minuten**

1_ Putenbrustfilet kalt abspülen, trocken tupfen und in dünne Streifen schneiden.

2_ Porree putzen, die Stangen längs halbieren, gründlich waschen, abtropfen lassen und in Streifen schneiden. Möhren putzen, schälen, abspülen, abtropfen lassen und in dünne Scheiben schneiden. Champignons putzen, evtl. kurz abspülen, trocken tupfen und in Scheiben schneiden.

3_ Die Sojasprossen abspülen und abtropfen lassen. Glasnudeln nach Packungsanleitung zubereiten. Dann die Glasnudeln auf einem Sieb abtropfen lassen und mit einer Schere klein schneiden.

4_ In der Zwischenzeit Speiseöl in einem Wok erhitzen. Die Fleischstreifen darin unter Rühren anbraten und mit einer Schaumkelle herausnehmen. Fleischstreifen mit Salz und Pfeffer würzen.

5_ Porree, Möhren- und Champignonscheiben in dem verbliebenen Bratfett unter Rühren anbraten. Gefrorene Erbsen hinzufügen. Brühe hinzugießen. Gemüse zugedeckt etwa 5 Minuten bei mittlerer Hitze garen.

6_ Die Fleischstreifen und Sojasprossen unter das Gemüse mischen und erhitzen. Chop Suey mit Salz, Pfeffer und Sojasauce abschmecken. Glasnudeln unter die Fleisch-Gemüse-Pfanne mischen, erwärmen und sofort servieren. Oder Glasnudeln dazureichen.

Tipp: Anstelle der frischen Sojasprossen können Sie 175 g abgetropfte Sojasprossen (aus dem Glas) verwenden.

Pro Portion: E: 42 g, F: 10 g, Kh: 36 g, kJ: 1681, kcal: 400, BE: 2,5

Gedämpfte Fischröllchen auf Thaispargel

4 Portionen – etwas Besonderes – Zubereitung im Bambusdämpfer, Ø etwa 26 cm

8 getrocknete Reisteigblätter
  (Ø etwa 16 cm, erhältlich im
  Asialaden oder in Spezialitätenabteilungen von
  Supermärkten)
100 g Sojasprossen
½ Bund Koriander
8 kleine Lachsstreifen
  (je etwa 60 g)
Salz
gemahlener Pfeffer
4 EL Mango-Chutney
  (aus dem Glas)
2 EL eingelegter Ingwer
400 g Thaispargel
1 EL Speiseöl,
  z. B. Sesamöl
2 Bio-Limetten
2 EL geröstete Sesamsamen

Zubereitungszeit: **30 Minuten**
Dämpfzeit: **etwa 15 Minuten**

1_ Reisteigblätter einzeln zwischen nassen Küchentüchern einweichen. Die Sojasprossen abspülen und auf einem Sieb abtropfen lassen. Koriander abspülen und trocken tupfen. 4 Korianderstängel zum Garnieren beiseitelegen. Von den restlichen Korianderstängeln die Blättchen von den Stängeln zupfen.

2_ Die Lachsstreifen kalt abspülen, trocken tupfen und mit Salz und Pfeffer bestreuen. Die Lachsstreifen mit dem Mango-Chutney bestreichen.

3_ Ingwer auf einem Sieb abtropfen lassen, in kleine Stücke schneiden. Die Reisteigblätter auf feuchten Küchentüchern nebeneinander auf die Arbeitsfläche legen. Die Sojasprossen, Ingwerstücke und Koriander-blättchen mittig darauf verteilen, mit jeweils 1 Lachsstreifen belegen und aufrollen.

4_ Von dem Thaispargel die unteren Enden abschneiden. Spargel abspülen, abtropfen lassen, mit Salz bestreuen und mit Öl beträufeln.

5_ Limetten heiß abwaschen, abtrocknen und die Schale mit einem Sparschäler abschälen. Limetten halbieren und auspressen.

6_ Einen großen Zwei-Etagen-Bambusdämpfer (Ø etwa 26 cm) dünn mit Speiseöl ausstreichen. In den unteren Einsatz vorsichtig die Fischröllchen legen. Den Spargel in den anderen Einsatz legen und auf den Einsatz mit den Fischröllchen stellen. Dämpfer mit dem Deckel verschließen.

7_ Eine ausreichend große Pfanne oder einen großen Wok etwa 3 cm hoch mit Wasser füllen. Limettensaft und -schalen hinzufügen und zum Kochen bringen. Den Bambusdämpfer vorsichtig in die Pfanne oder den Wok setzen. Die Röllchen und den Spargel etwa 15 Minuten dämpfen.

8_ Die Fischröllchen auf dem Thaispargel anrichten und mit Sesam bestreut servieren.

Beilage: Duftreis mit Chilisauce.

Pro Portion: E: 30 g, F: 21 g, Kh: 28 g, kJ: 1751, kcal: 418, BE: 2,0

Teriyaki-Asia-Pfanne

4 Portionen – schnell gemacht

200 g rote Paprikaschote

200 g rosé Champignons

1 Bund Frühlingszwiebeln

150 g gut abgetropfte Soja-,
Mungobohnen- oder Bambus-
sprossen (aus dem Glas oder
frisch)

150 g Mie-Nudeln
(Instant-Nudeln)

2 Knoblauchzehen

2–3 EL Speiseöl, z. B. Sojaöl

250 g TK-Blattspinat

300 g gegarte Tiefsee-Garnelen
(aus dem Kühlregal)

gemahlener Pfeffer

grob geschroteter Chili

6 EL Teriyaki-Sauce
(asiatische Würzsauce,
erhältlich im Asialaden)

Zubereitungszeit: **20 Minuten**

1_ Paprikaschote halbieren, entstielen, entkernen und die weißen Scheidewände entfernen. Schotenhälften abspülen, abtropfen lassen und in
feine Streifen schneiden. Die Champignons putzen, evtl. kurz abspülen,
trocken tupfen und in Scheiben schneiden. Frühlingszwiebeln putzen,
abspülen, abtropfen lassen und schräg in Scheiben schneiden.
Frische Sprossen abspülen und abtropfen lassen.

2_ Nudeln in eine Schüssel geben, mit reichlich kochendem Wasser
übergießen und zugedeckt nach Packungsanleitung gar ziehen lassen.
Knoblauch abziehen und in Scheiben schneiden.

3_ Das Speiseöl in einer großen Pfanne erhitzen. Die Knoblauchscheiben
und den gefrorenen Spinat darin etwa 2 Minuten andünsten.
Spinat vorsichtig an den Pfannenrand schieben.

4_ Die Garnelen kalt abspülen und gut trocken tupfen. Garnelen in dem
Bratfett von beiden Seiten anbraten und ebenfalls an den Pfannenrand
schieben.

5_ Frühlingszwiebelscheiben, Paprikastreifen und Champignonscheiben
in die Mitte der Pfanne geben und in dem verbliebenen Brattfett etwa
6 Minuten unter gelegentlichem Wenden braten, mit Pfeffer und Chili
würzen.

6_ Die garen Nudeln durchrühren und auf einem Sieb abtropfen lassen.
Nudeln und Sprossen mit dem Gemüse und den Garnelen in der Pfanne
vermischen (den Spinat dabei am besten am Pfannenrand belassen).
Anschließend die Teriyaki-Sauce darübertäufeln. Die Asia-Pfanne
nochmals etwa 1 Minute bei starker Hitze unter Wenden braten.

Pro Portion: E: 25 g, F: 9 g, Kh: 39 g, kJ: 1411, kcal: 336, BE: 3,0

Gegrillte Riesengarnelen mit Avocadodip

4 Portionen – etwas teurer

24 TK-Riesengarnelen
  (etwa 25 g pro Stück, entdarmt,
  ohne Kopf und Schale)
2 Knoblauchzehen
2 Frühlingszwiebeln
2 Bio-Limetten
2 EL Olivenöl
Salz
Zitronenpfeffer

Für die Nuoc-Cham-Sauce (pikante vietnamesische Würzsauce):

2 Knoblauchzehen
1 rote Chilischote
1 EL Zucker
1 Bio-Limette
125 ml Wasser
1 EL Fischsauce

Für den Avocadodip:

2 reife Avocados
Saft von 1 Limette
gemahlener Pfeffer
Cayennepfeffer

Außerdem:

Schaschlikspieße

Zubereitungszeit: **60 Minuten, ohne Auftauzeit**

1_ Garnelen nach Packungsanleitung auftauen lassen. Garnelen kalt abspülen und trocken tupfen.

2_ Knoblauch abziehen und fein hacken. Frühlingszwiebeln putzen, abspülen, abtropfen lassen und in feine Scheiben schneiden. Limetten heiß abwaschen, abtrocknen und die Schale abreiben. Limetten halbieren und auspressen.

3_ Limettensaft mit Knoblauch, Frühlingszwiebelscheiben und Limettenschale mischen. Olivenöl unterschlagen. Marinade mit Salz und Zitronenpfeffer würzen. Garnelen in eine flache Schale legen, die Marinade daraufgeben und zugedeckt in den Kühlschrank stellen.

4_ Für die Nuoc-Cham-Sauce inzwischen Knoblauch abziehen und grob hacken. Chili halbieren, entstielen, entkernen, abspülen, trocken tupfen und grob hacken. Knoblauch und Chili mit Zucker im Mörser zu einer Paste verarbeiten. Limette heiß abwaschen, abtrocknen und die Schale abreiben. Limette halbieren, den Saft auspressen. Limettensaft und -schale mit Wasser und Fischsauce verrühren und unter die Paste rühren.

5_ Für den Avocadodip Avocados halbieren und jeweils den Stein herauslösen. Das Fruchtfleisch mit einem Löffel aus den Schalen heben, in eine Schüssel geben und mit einer Gabel zerdrücken. Avocadomus sofort mit Limettensaft beträufeln. Den Dip mit Salz, Pfeffer und Cayennepfeffer abschmecken.

6_ Die Garnelen aus der Marinade nehmen und auf Schaschlikspieße stecken. Garnelenspieße auf den heißen Grillrost legen und unter mehrmaligem Wenden 4–5 Minuten grillen. Garnelen mit Salz und Pfeffer würzen und mit der Sauce und dem Dip servieren.

Pro Portion: E: 30 g, F: 18 g, Kh: 12 g, kJ: 1402, kcal: 335, BE: 1,0

Maki-Sushi mit Thunfisch

25 Stück – raffiniert

300 g Sushireis

450 ml Wasser

1 gestr. TL Salz

4 EL Reisessig

1 TL Zucker

½ TL Salz

250 g ganz frisches Thunfisch-
filet (möglichst ein langes,
etwa 5 cm breites Stück)

5 Blätter getrocknete Norialgen
(erhältlich im Asialaden oder in
Spezialitätenabteilungen von
Supermärkten)

Außerdem:

2 EL Sojasauce

1 EL Wasabipaste

125 g eingelegter Ingwer

Zubereitungszeit: **35 Minuten,
ohne Abkühlzeit**

Garzeit: **etwa 30 Minuten**

1_ Den Reis auf ein Sieb geben und so lange unter fließendem kalten Wasser abspülen, bis das Wasser klar abläuft. Den Reis sehr gut abtropfen lassen.

2_ Reis mit Wasser und Salz in einen Topf geben, zum Kochen bringen und zugedeckt bei schwacher Hitze etwa 20 Minuten köcheln lassen. Dann den Topf von der Kochstelle nehmen und den Reis noch etwa 10 Minuten ausquellen lassen.

3_ Reisessig erwärmen. Zucker und Salz darin unter Rühren auflösen. Die Mischung locker unter den heißen Reis mischen. Den Reis mit einem feuchten Tuch zudecken und fast ganz erkalten lassen.

4_ Den Thunfisch kalt abspülen, trocken tupfen und in 5 gleich lange Streifen schneiden.

5_ Ein Noriblatt auf eine Sushimatte legen. Ein Fünftel der Reismasse darauf verteilen. 1 Streifen Thunfisch in die Mitte des Blattes legen und zu einer festen Rolle aufrollen. Mit den restlichen Noriblättern ebenso verfahren. Danach die Rollen in jeweils 5 Makiröllchen schneiden.

6_ Sojasauce mit Wasabipaste verrühren. Sushi mit dem eingelegten Ingwer und der Sauce servieren.

Tipp: Sushireis ist ein spezieller Rundkornreis mit guten "Klebeeigenschaften". Norialgen werden in getrockneter, gerösteter Form in Blättern verwendet.

Pro Stück: E: 3 g, F: 2 g, Kh: 10 g, kJ: 295, kcal: 70, BE: 1,0

Nigiri-Sushi mit Lachs

25 Stück – für Gäste – gut vorzubereiten

300 g Sushireis

450 ml Wasser

1 gestr. TL Salz

4 EL Reisessig

1 TL Zucker

½ TL Salz

250 g ganz frisches Lachsfilet
(möglichst ein etwa 5 cm
breites, langes Stück)

3 TL Wasabipaste

1–2 EL Sojasauce

125 g eingelegter Ingwer

Zubereitungszeit: **40 Minuten,
ohne Abkühlzeit**
Garzeit: **etwa 30 Minuten**

1_ Den Reis auf ein Sieb geben und so lange unter fließendem kalten Wasser abspülen, bis das Wasser klar abläuft. Den Reis sehr gut abtropfen lassen.

2_ Den Reis mit Wasser und Salz in einem Topf zum Kochen bringen und zugedeckt bei schwacher Hitze etwa 20 Minuten köcheln lassen. Dann den Topf von der Kochstelle nehmen und den Reis noch etwa 10 Minuten ausquellen lassen.

3_ Reisessig erwärmen. Zucker und Salz darin unter Rühren auflösen. Die Mischung locker unter den heißen Reis mischen. Den Reis mit einem feuchten Tuch zudecken und fast ganz erkalten lassen.

4_ Das Lachsfilet kalt abspülen, trocken tupfen und in 25 schräge Scheiben schneiden.

5_ Jeweils etwas Wasabipaste auf die Lachsscheiben streichen. 1 tischtennisgroße Reisportion in die eine Hand und 1 Lachsscheibe (die bestrichene Seite nach oben) in die andere Hand nehmen. Den Reis auf die Lachsscheibe drücken und dabei in die typische längliche Form bringen. Mit der Lachsseite nach oben auf einer Platte anrichten.

6_ So weiter fortfahren, bis 25 Sushi entstanden sind. Sushi mit Sojasauce, Wasabipaste und eingelegtem Ingwer servieren.

Tipp: Wasabipaste besteht aus grünem Meerrettich, der sehr scharf ist und gerne bei der Zubereitung von Sushi verwendet wird.

Pro Stück: E: 3 g, F: 1 g, Kh: 10 g, kJ: 269, kcal: 64, BE: 1,0

Vietnamesisches Garnelenomelett

4 Portionen – einfach

Für die Sesam-Erdnuss-Sauce:

20 g geschälte Sesamsamen

20 g geröstete, gesalzene
   Erdnüsse

4 EL süß-scharfe Chilisauce

1 EL Sonnenblumenöl

1 EL Fischsauce

2 EL Limettensaft

175 g Garnelen
   (entdarmt, ohne Kopf
   und Schale)

10–12 Minzeblätter

1 EL Sonnenblumenöl

8 Eier (Größe M)

2 EL Fischsauce

4 EL Sonnenblumenöl

12 Stängel Koriander

Zubereitungszeit: **45 Minuten**

1_ Für die Sauce Sesamsamen in einer Pfanne ohne Fett unter Wenden goldbraun rösten, herausnehmen und auf einen Teller geben. Die Erdnüsse fein hacken. Sesamsamen und Erdnüsse mit Chilisauce, Sonnenblumenöl, Fischsauce und Limettensaft verrühren.

2_ Die Garnelen kalt abspülen und trocken tupfen. Garnelen in etwa ½ cm dicke Stücke schneiden. Die Minzeblätter abspülen, trocken tupfen und fein schneiden.

3_ Sonnenblumenöl in einer Pfanne erhitzen. Die Garnelenstücke darin bei schwacher Hitze etwa 1 Minute knapp garen, sodass sie noch leicht glasig sind. Minze unterrühren.

4_ Die Eier mit der Fischsauce verschlagen. Garnelenstücke unterrühren. 1 Esslöffel von dem Sonnenblumenöl in einer kleinen beschichteten Pfanne (Ø etwa 20 cm) erhitzen. Ein Viertel Eiermasse in die Pfanne geben und bei schwacher Hitze stocken lassen (die Omelettoberseite sollte angestockt, aber noch saftig sein).

5_ Das Omelett auf einen Teller gleiten lassen und im vorgeheizten Backofen bei Ober-/Unterhitze etwa 50 °C warm halten. 3 weitere Omeletts auf die gleiche Weise zubereiten.

6_ Koriander abspülen und trocken tupfen. Die Blättchen von den Stängeln zupfen. Die Blättchen grob hacken. Jedes Omelett aufrollen und einmal quer durchschneiden, mit Koriander bestreuen und mit der Sauce servieren.

Variante: Probieren Sie doch einmal Zwiebelpfannkuchen auf asiatische Art. Dafür 325 g Zwiebelwürfel mit 3 Esslöffeln gegartem Klebreis, 8 Esslöffeln Weizenmehl, 125 ml Wasser, jeweils 1 Prise Salz, Zucker und Fünf-Gewürze-Pulver und 2 Esslöffeln Speiseöl vermengen. 2 Esslöffel Speiseöl in einer beschichteten Pfanne erhitzen. Die Hälfte der Zwiebelteigmasse in die Pfanne geben und gleichmäßig verteilen. Den Teig von beiden Seiten etwa 5 Minuten backen. Aus der restlichen Zwiebelteigmasse mit 2 Esslöffeln Speiseöl auf gleiche Weise einen zweiten Pfannkuchen backen. Beide Pfannkuchen warm stellen. 375 ml Kokosmilch mit 2 Esslöffeln Tomatenketchup verrühren, mit etwas Sambal Oelek, Zucker, Salz und Fünf-Gewürze-Pulver abschmecken. 2 fein geschnittene Frühlingszwiebeln in 1 Esslöffel Speiseöl andünsten. Die Kokossauce dazugießen, unter Rühren aufkochen lassen etwa 2 Minuten köcheln lassen. Die Sauce über die Pfannkuchen gießen und servieren.

Pro Portion: E: 24 g, F: 31 g, Kh: 9 g, kJ: 1771, kcal: 423, BE: 0,5

Wokgemüse mit Sojabohnen und Tofu

4 Portionen – für Gäste – dauert länger

175 g getrocknete Sojabohnen

50 g frischer Ingwer

3 Knoblauchzehen

½–1 rote Chilischote

4 EL Zucker

7 EL Sojasauce

400 ml Gemüsebrühe

2 EL dunkles, asiatisches
  Sesamöl

2 rote Zwiebeln

200 g Zuckerschoten

450 g rote Paprikaschoten

6 Frühlingszwiebeln
  (etwa 100 g)

500 g Tofu natur
  (aus dem Kühlregal)

50 g Cashewkerne
  (geröstet und gesalzen)

1 gestr. EL Speisestärke

4 EL Sonnenblumenöl

6 Stängel Thai-Basilikum

Zubereitungszeit: **35 Minuten,
ohne Einweichzeit**
Garzeit: **Sojabohnen etwa 2
Stunden**

1_ Am Vortag die Sojabohnen in eine Schüssel geben. Mit kaltem Wasser übergießen, sodass sie ganz bedeckt sind. Sojabohnen über Nacht einweichen.

2_ Am nächsten Tag die Sojabohnen abgießen, in einen Topf geben und so viel Wasser hinzugießen, dass die Bohnen ganz bedeckt sind. Sojabohnen zugedeckt etwa 2 Stunden bei schwacher Hitze kochen lassen.

3_ In der Zwischenzeit Ingwer schälen. Knoblauch abziehen, beides in kleine Würfel schneiden. Chilischote abspülen, trocken tupfen und entstielen. Chilischote mit den Kernen fein hacken.

4_ Ingwer-, Knoblauchwürfel, Chili, Zucker, Sojasauce, Gemüsebrühe und Sesamöl in einer Schüssel vermischen und beiseitestellen.

5_ Zwiebeln abziehen und in etwa 1 cm breite Spalten schneiden. Von den Zuckerschoten die Enden abschneiden, evtl. abfädeln. Zuckerschoten abspülen, trocken tupfen und schräg halbieren. Paprikaschoten halbieren, entstielen, entkernen und die weißen Scheidewände entfernen. Schoten abspülen, abtropfen lassen und in etwa 1½ cm breite Streifen schneiden.

6_ Frühlingszwiebeln putzen, abspülen, abtropfen lassen und der Länge nach schräg in etwa 1 cm breite Scheiben schneiden. Tofu abtropfen lassen und in etwa 2 cm breite Streifen schneiden. Gegarte Sojabohnen auf einem Sieb abtropfen lassen. Cashewkerne grob hacken. Speisestärke mit 3 Esslöffeln kaltem Wasser anrühren.

7_ Jeweils die Hälfte des Sonnenblumenöls in einem großen Wok erhitzen. Das vorbereitete Gemüse darin in 2 Portionen mit den Sojabohnen unter Rühren bei starker Hitze kräftig andünsten, bis es leicht zusammenfällt. Dann die beiseitegestellte Soja-Sesamöl-Mischung hinzugeben und unter Rühren kochen lassen, bis nur noch etwa ein Viertel der Flüssigkeit vorhanden und das Gemüse knackig gegart ist.

8_ Die Tofustreifen vorsichtig untermischen und kurz erhitzen. Angerührte Speisestärke unterrühren und unter vorsichtigem Rühren einmal aufkochen lassen.

9_ Thai-Basilikum abspülen und trocken tupfen. Die Blättchen von den Stängeln zupfen und grob zerschneiden. Cashewkerne mit dem Basilikum unter das Gemüse heben, auf Tellern anrichten und sofort servieren.

Pro Portion: E: 45 g, F: 37 g, Kh: 44 g, kJ: 2901, kcal: 693, BE: 3,5

Indonesische Gemüseschüssel mit Erdnusssauce

4 Portionen – dauert länger

Für die Erdnusssauce:

1 rote Chilischote

100 g geröstete Erdnusskerne

1 kleines Stück Ingwer

2 EL Sesamöl

250 ml Kokosmilch

4 EL Sojasauce

½ TL brauner Zucker

Salz

gemahlener Pfeffer

Saft von 1 Limette

Für die Gemüseschüssel:

je 1 rote und gelbe
  Paprikaschote

4 Frühlingszwiebeln

4 Möhren

250 g Brokkoli

250 g feine, grüne Bohnen

4 Eier (Größe M)

1 Stängel Zitronengras

3 EL Sonnenblumenöl

100 ml Kokosmilch

½ TL gemahlener Koriander

Zubereitungszeit: **60 Minuten**

1_ Für die Sauce Chilischote halbieren, entstielen und entkernen. Schote abspülen, abtropfen lassen und fein würfeln. Die gerösteten Erdnusskerne zuerst grob hacken, dann im Mörser fein zerstoßen oder im Blitzhacker fein hacken. Ingwer schälen und fein reiben.

2_ Öl im Wok erhitzen. Erdnusskerne und Ingwer darin bei mittlerer Hitze etwa 2 Minuten anbraten. Kokosmilch, Sojasauce, braunen Zucker und Chiliwürfel hinzugeben. Die Sauce unter Rühren etwa 5 Minuten köcheln lassen. Anschließend die Sauce mit Salz, Pfeffer und Limettensaft abschmecken, in eine Schüssel geben und beiseitestellen.

3_ Für die Gemüseschüssel Paprikaschoten halbieren, entstielen, entkernen und die weißen Scheidewände entfernen. Schoten abspülen, abtropfen lassen und in etwa 2 cm große Stücke schneiden. Frühlingszwiebeln putzen, abspülen, abtropfen lassen und schräg in 2 cm lange Stücke schneiden.

4_ Möhren putzen, schälen, abspülen, abtropfen lassen und in dünne Scheiben schneiden. Vom Brokkoli die Blätter entfernen. Den Brokkoli in Röschen teilen, abspülen und abtropfen lassen. Von den Bohnen die Enden abschneiden. Die Bohnen evtl. abfädeln, abspülen, abtropfen lassen und in Stücke schneiden.

5_ Das Salzwasser zum Kochen bringen und zuerst die Brokkoliröschen darin 2–3 Minuten vorgaren, dann die Bohnenstücke darin kurz blanchieren. Die Brokkoliröschen und Bohnenstücke mit kaltem Wasser abschrecken und abtropfen lassen.

6_ Eier wachsweich kochen und warm stellen. Zitronengras abspülen, abtropfen lassen und in größere Stücke schneiden.

7_ Das Gemüse in 3 Portionen teilen. 1 Esslöffel von dem Sonnenblumenöl in einem Wok erhitzen. 1 Gemüseportion darin andünsten. Die restlichen beiden Gemüseportionen ebenso im restlichen Sonnenblumenöl andünsten. Dann das gesamte Gemüse wieder in den Wok geben, unter gelegentlichem Rühren etwa 5 Minuten braten und mit der Kokosmilch ablöschen. Gemüseschüssel mit Salz und Koriander abschmecken. Die Zitronengrasstücke herausnehmen.

8_ Das Gemüse in Schüsseln verteilen. Eier pellen und längs halbieren. Auf jede Schüssel 2 Eihälften setzen und das Gemüse mit der Erdnusssauce servieren.

Pro Portion: E: 21 g, F: 47 g, Kh: 24 g, kJ: 2489, kcal: 598, BE: 1,5

Palak Paneer (Spinat mit Weichkäse indischer Art)

4 Portionen – raffiniert – dauert länger

Für den Weichkäse:

2 l frische Vollmilch
  (3,5 % Fett)

4–6 EL Zitronensaft

1 gestr. TL Salz

750 g Babyspinat oder
  Blattspinat

2 kleine Zwiebeln

2 Knoblauchzehen

20 g Ingwer

etwa 2 EL Weizenmehl

8 EL Sonnenblumenöl oder
  Ghee (geklärte Butter)

1 EL Koriandersamen

1 TL gemahlener Kreuzkümmel
  (Cumin)

2 EL mildes Currypulver

150 g Schlagsahne

Zubereitungszeit: 45 Minuten
Zeit **für die Käseherstellung:**
etwa 4 Stunden

1_ Für den Weichkäse die Milch in einem Topf unter Rühren zum Kochen bringen. Den Topf von der Kochstelle nehmen. Zitronensaft und Salz in die Milch geben, dabei gelegentlich mit einem Kochlöffel rühren, bis die Milch gerinnt und sich die Molke absetzt. Die Molke sollte leicht gelb-grünlich sein.

2_ Ein Durchschlag oder stabiles Sieb mit einem Küchentuch auslegen und die geronnene Milch hineingießen. Das Tuch leicht zusammendrehen und dabei möglichst viel Flüssigkeit auspressen. Das Ganze so etwa 1½ Stunden gut abtropfen lassen.

3_ Dann den Käse im Tuch auf einen großen Teller oder ein Backblech legen und etwa 2 cm hoch verteilen. Den Käse mit einem weiteren Küchentuch bedecken und ein Küchenbrett darauflegen. Dieses mit Gewichten (z. B. Konservendose) gleichmäßig beschweren. Den Käse weitere etwa 1 ½ Stunden stehen lassen.

4_ Spinat verlesen, putzen, gründlich abspülen und gut abtropfen lassen. Zwiebeln und Knoblauch abziehen und fein würfeln. Ingwer schälen und in kleine Würfel schneiden.

5_ Den Käse (Paneer) in etwa 3–4 cm große Stücke schneiden. Das Mehl auf einen Teller geben und die Paneerstücke darin wenden.

6_ Vom Sonnenblumenöl oder Ghee etwa 6 Esslöffel in einer großen Pfanne erhitzen. Die Paneerstücke darin rundherum goldbraun anbraten.

7_ Inzwischen das restliche Öl oder das restliche Ghee in einem Wok oder großem Topf erhitzen. Den Koriandersamen darin leicht anrösten, den Kreuzkümmel und Curry unterrühren, bis es duftet.

8_ Zwiebeln, Knoblauch und Ingwer hinzugeben, unter Rühren andünsten. Die Sahne hinzugießen und den Spinat untermischen. Den Spinat zugedeckt kurz zusammenfallen lassen und mit etwas Salz abschmecken. Dann den Spinat anrichten und den gebratenen Paneer darauf verteilen.

Beilage: Naan (indisches Fladenbrot) oder Basmatireis.

Pro Portion: E: 20 g, F: 47 g, Kh: 28 g, kJ: 2597, kcal: 621, BE: 2,0

Tofu-Reis-Pfanne

4–6 Portionen – vegetarisch – würzig

20 g getrocknete Pilze, z. B.
  Tongú, Mu-err oder Shiitake
400 g Tofu natur
  (aus dem Kühlregal)
400 ml Tomatensaft
4–5 EL Sojasauce
1 ½–2 TL Sambal Oelek
Salz
200 g Basmatireis
2 gelbe Paprikaschoten
  (je etwa 200 g)
1 Zucchini (etwa 250 g)
etwa 150 g Sprossen
3 EL Soja- oder Erdnussöl
¾–1 TL gemahlener Ingwer

3–4 Stängel glatte Petersilie

Zubereitungszeit: **30 Minuten**

1_ Die Pilze nach Packungsanweisung in Wasser einweichen.

2_ In der Zwischenzeit den Tofu in Streifen schneiden. 4 Esslöffel Tomatensaft mit 2 Esslöffeln Sojasauce, ½ Teelöffel Sambal Oelek und etwas Salz in einer großen Schüssel verrühren. Tofustreifen darin etwa 30 Minuten marinieren lassen, dabei zwischendurch 2–3-mal wenden.

3_ In der Zwischenzeit den Reis nach Packungsanleitung in kochendem Salzwasser zubereiten.

4_ Paprikaschoten halbieren, entstielen, entkernen und die weißen Scheidewände entfernen. Schotenhälften abspülen, abtropfen lassen und in dünne Streifen schneiden. Zucchini abspülen, abtrocknen und die Enden abschneiden. Zucchini auf der Haushaltsreibe grob raspeln.

5_ Sprossen verlesen, auf ein Sieb geben, abspülen und gut abtropfen lassen.

6_ In einem Wok oder einer großen Pfanne 2 Esslöffel von dem Öl erhitzen. Die Tofustreifen aus der Marinade nehmen und abtropfen lassen, dabei die Tomatensaft-Marinade beiseitestellen. Die Tofustreifen unter gelegentlichem Rühren bei mittlerer bis starker Hitze in 3–4 Minuten goldbraun anbraten und herausnehmen.

7_ Pilze abgießen, dabei das Einweichwasser auffangen. Das restliche Öl zum Bratfett in den Wok oder die Pfanne geben. Die eingeweichten Pilze mit 5 Esslöffeln Einweichwasser, Paprikastreifen und Zucchini-raspeln im heißen Öl unter gelegentlichem Rühren bei mittlerer bis starker Hitze in 3–4 Minuten bissfest garen.

8_ Die Sprossen hinzufügen und alles 2–3 Minuten weitergaren. Die beiseitegestellte Tomatensaft-Marinade (vom Tofu) mit dem restlichen Tomatensaft hinzugießen und aufkochen lassen. Tofustreifen und Basmatireis unterrühren und kurz darin erwärmen. Alles mit restlicher Sojasauce, Sambal Oelek und Ingwer würzig-scharf abschmecken.

9_ Vor dem Servieren Petersilie abspülen, trocken tupfen und die Blättchen von den Stängeln zupfen. Blättchen grob hacken und unter das Tofu-Gemüse mischen.

Tipp: Die frischen Sprossen können Sie durch 160 g abgespülte, abgetropfte Mungobohnen-Keimlinge (aus dem Glas) ersetzen.

Pro Portion: E: 21 g, F: 12 g, Kh: 44 g, kJ: 1538, kcal: 368, BE: 3,6

Tofu mit Tomaten-Sambal

4 Portionen – für Gäste

Für das Sambal:

½–1 rote Chilischote

15 g Ingwer

1 Bio-Limette

4 EL Ketjap Manis
   (indonesische Sojasauce)

1 EL Limettensaft

2 EL Zucker

600 g Strauchtomaten

40 g geröstete, gesalzene
   Erdnüsse

12–16 Blättchen Thai-Basilikum
   oder Basilikum

2 EL Weizenmehl

1 EL mildes Currypulver

Salz

500 g Tofu natur
   (aus dem Kühlregal)

5 EL Speiseöl, z. B. Maiskeimöl

30 g Röstzwiebeln

**Zubereitungszeit: 40 Minuten,
ohne Abkühlzeit**

1_ Für das Sambal Chilischote entstielen, halbieren, abspülen, abtropfen lassen und fein hacken. Ingwer schälen und fein reiben.

2_ Limette heiß abwaschen, abtrocknen, die Schale fein abreiben und beiseitestellen. Limette halbieren und 1 Esslöffel Saft auspressen. Chili und Ingwer mit Ketjap Manis, Limettensaft und Zucker verrühren.

3_ Tomaten abspülen, abtropfen lassen, halbieren und die Stängelansätze herausschneiden. Tomaten in etwa 2 cm breite Spalten schneiden. Aus den Spalten das Fruchtfleisch mit den Kernen herausschneiden. Etwa eine Handvoll des Fruchtfleisches mit den Kernen in einem feinen Sieb auspressen. Dabei den Saft auffangen und zum Sambal geben.

4_ Die „Tomatenschiffchen" in einer Pfanne ohne Fett bei starker Hitze etwa ½ Minute schwenken. Sambal dazugeben und unter Rütteln der Pfanne knapp ½ Minute schwenken. Das Tomaten-Sambal sofort aus der Pfanne nehmen und erkalten lassen.

5_ Erdnüsse fein hacken. Basilikumblättchen abspülen, trocken tupfen und grob zerschneiden. Mehl mit Curry und etwas Salz mischen. Den Tofu in etwa 1 cm breite Scheiben schneiden und mit Küchenpapier trocken tupfen. Die Tofuscheiben im Currymehl wenden und überschüssiges Mehl abklopfen.

6_ Speiseöl in einer großen Pfanne erhitzen. Die Tofuscheiben darin bei starker Hitze rundherum knusprig und goldbraun braten. Den Tofu sofort mit dem kalten Sambal anrichten, mit Erdnüssen, Röstzwiebeln, Basilikum und beiseitegestellter Limettenschale bestreut servieren.

Tipp: Es gibt drei Arten des Thai-Basilikums, die überwiegend in der thailändischen Küche verwendet werden. Sie unterscheiden sich im Geruch. Das hauptsächlich Verwendete duftet nach Anis, Estragon, Basilikum, die anderen nach Zitronen bzw. nach Nelken und Piment.

Pro Portion: E: 25 g, F: 18 g, Kh: 35 g, kJ: 1676, kcal: 399, BE: 2,5

Scharfer, gebratener Tofu mit Möhren-Rettich-Relish

4 Portionen – raffiniert

225 g Möhren
1 gestr. TL Salz
300 g Rettich
25 g Ingwer
2 EL Reisessig
2 EL Zucker

Für die Sauce:
½–1 rote Chilischote
2 Knoblauchzehen
2 EL Reisessig
1 EL Kurkuma (Gelbwurz)
4 EL Pilzsauce
2 EL Sojasauce

450 g Tofu natur
  (aus dem Kühlregal)
6 EL Speiseöl, z. B. Maiskeimöl

Zubereitungszeit: **45 Minuten,
ohne Durchziehzeit**

1_ Die Möhren putzen, schälen, abspülen, abtropfen lassen und grob raspeln. Die Möhrenraspel mit Salz mischen und zugedeckt etwa 2 Stunden stehen lassen.

2_ Den Rettich putzen, schälen, abspülen, abtropfen lassen und ebenfalls grob raspeln. Den Ingwer schälen und fein reiben. Möhren und Rettich mit Reisessig, Zucker und Ingwer mischen. Relish evtl. nochmals mit Salz abschmecken.

3_ Für die Sauce Chilischote entstielen, halbieren, abspülen, abtropfen lassen und fein hacken. Knoblauch abziehen, fein hacken. Chili und Knoblauch mit Reisessig, Kurkuma, Pilz- und Sojasauce mischen.

4_ Tofu zuerst in etwa 1 ½ cm dicke Scheiben, dann in 12 jeweils etwa 5 x 8 cm große Stücke schneiden. Jedes Stück auf einer Seite mehrmals der Länge nach quer mit einem Messer leicht einritzen.

5_ Jeweils die Hälfte des Speiseöls am besten in zwei großen Pfannen erhitzen. Die Tofustücke bei mittlerer Hitze auf jeder Seite goldbraun braten. Dann die Sauce hinzugeben und etwa 1 Minute etwas dickflüssig einkochen lassen. Tofu mit dem Relish servieren.

Beilage: Duftreis.

Tipp: Reisessig ist ein aus Reiswein hergestellter Essig mit einem mildsüßlichen Geschmack. Er kann z. B. durch Obstessig ersetzt werden.

Pro Portion: E: 20 g, F: 22 g, Kh: 19 g, kJ: 1501, kcal: 358, BE: 1,5

Buntes Tofu-Gemüse

4 Portionen – raffiniert

400 g Tofu natur
  (aus dem Kühlregal)

1 Knoblauchzehe

15 g frischer Ingwer

4–5 EL Sojasauce

1 EL Weißweinessig

1 Prise Zucker

1 ½ EL Sesamöl

1 Bund Frühlingszwiebeln

750 g Möhren

500 g Zucchini

1 ½ EL Sojaöl

2–3 EL Gemüsebrühe

1–2 Stängel Zitronengras

1–2 EL Zitronensaft

Salz

gemahlener Pfeffer

Zubereitungszeit: **30 Minuten, ohne Marinierzeit**

1_ Den Tofu in etwa 2 cm große Würfel schneiden. Knoblauch abziehen, Ingwer schälen und beides fein hacken. 3 Esslöffel Sojasauce mit Essig, Zucker und ½ Esslöffel Sesamöl verrühren. Fein gehackten Knoblauch und Ingwer unterrühren. Die Tofuwürfel darin etwa 20 Minuten marinieren lassen, dabei zwischendurch 2–3-mal wenden.

2_ In der Zwischenzeit Frühlingszwiebeln putzen, abspülen, abtropfen lassen und schräg in dünne Scheiben schneiden. Möhren putzen, schälen, abspülen und abtropfen lassen. Zucchini abspülen, abtrocknen und die Enden abschneiden. Möhren und Zucchini in schmale Streifen schneiden.

3_ Das restliche Sesamöl in einem Wok oder einer großen Pfanne erhitzen. Die Tofuwürfel aus der Marinade nehmen und abtropfen lassen. Die Marinade beiseitestellen.

4_ Die Tofuwürfel in den Wok oder die Pfanne geben und rundherum bei mittlerer bis starker Hitze in etwa 4 Minuten goldbraun anbraten, herausnehmen und warm stellen.

5_ Frühlingszwiebelscheiben, Möhren- und Zucchinistreifen portionsweise in den Wok oder in die Pfanne geben und im verbliebenen Bratfett mit je ½ Esslöffel Sojaöl unter gelegentlichem Rühren bei mittlerer bis starker Hitze in 2–4 Minuten bissfest garen.

6_ Das gesamte Gemüse zurück in die Pfanne geben. Die Gemüsebrühe mit der beiseitegestellten Marinade hinzugießen. Alles einmal aufkochen lassen und etwa 4 Minuten unter gelegentlichem Rühren garen, bis die Flüssigkeit fast verdampft ist.

7_ In der Zwischenzeit Zitronengras abspülen und trocken tupfen. Das untere Ende knapp abschneiden und dann das dickere Unterteil fein hacken.

8_ Das Asia-Gemüse mit 1–2 Teelöffeln gehacktem Zitronengras, restlicher Sojasauce, Zitronensaft, Salz und Pfeffer abschmecken. Die Tofuwürfel unterrühren und kurz darin erwärmen. Das Tofu-Gemüse in der Pfanne anrichten und servieren.

Tipp: Das frische Zitronengras können Sie durch ½–1 Teelöffel gemahlenes Zitronengras ersetzen. Wenn Sie kein Sojaöl im Haus haben, können Sie auch Erdnuss- oder Sonnenblumenöl verwenden.

Pro Portion: E: 21 g, F: 15 g, Kh: 21 g, kJ: 1266, kcal: 302, BE: 0,5

Scharfe Tofuwürfel mit Wasserkastanien

4 Portionen – mit Alkohol

325 g Tofu natur
  (aus dem Kühlregal)

2 TL Sambal Oelek

1 TL Currypulver

2 Knoblauchzehen

10 g Ingwer

1 Bund Frühlingszwiebeln

200 g Mungobohnensprossen

170 g abgetropfte Wasser-
  kastanien (aus der Dose)

6 EL Sojaöl

250 ml Reiswein

1 EL Sojabohnenpaste
  (erhältlich im Asialaden)

2 TL Speisestärke

1 EL kaltes Wasser

1 TL Zucker

Zubereitungszeit: **35 Minuten**

1_ Tofu abtropfen lassen, trocken tupfen und in etwa 1 cm große Würfel schneiden. Tofuwürfel mit Sambal Oelek und Curry vermischen.

2_ Knoblauch abziehen und Ingwer schälen. Knoblauch und Ingwer in feine Würfel schneiden. Frühlingszwiebeln putzen, abspülen, abtropfen lassen und in etwa 2 cm breite Stücke schneiden. Mungobohnensprossen auf ein Sieb geben, abspülen und abtropfen lassen. Die Wasserkastanien halbieren.

3_ Das Sojaöl in einem Wok erhitzen. Die Tofuwürfel darin von allen Seiten anbraten. Mungobohnensprossen, Knoblauch- und Ingwerwürfel unterrühren und kurz mitbraten lassen. Kastanienhälften unterrühren und Reiswein hinzugießen. Die Zutaten kurz aufkochen lassen. Sojabohnenpaste unterrühren.

4_ Frühlingszwiebelstücke in den Wok geben und unterrühren. Speisestärke mit Wasser anrühren und unter die Tofupfanne rühren. Die Tofupfanne mit Zucker abschmecken und sofort servieren.

Tipp: Dazu Duftreis servieren. Statt Reiswein kann auch Gemüsebrühe verwendet werden. Die Wasserkastanie wird besonders gerne in der chinesischen Küche eingesetzt, da sie auch nach dem Kochen noch Biss hat und einen süßlichen Geschmack hat.

Pro Portion: E: 18 g, F: 22 g, Kh: 18 g, kJ: 1589, kcal: 380, BE: 1,0

Asia-Nudeln mit mariniertem Tofu

4–6 Portionen – würzig – laktosefrei

400 g Tofu natur
(aus dem Kühlregal)

4–5 EL Sojasauce

1 EL Essig, z. B. Reis- oder
Weißweinessig

1 TL flüssiger Honig

2 EL Sesamöl

300 g Chinakohl

4 Möhren

1 kleines Bund Frühlingszwiebeln

1 rote Chilischote

1 EL Speiseöl, z. B. Soja-, Erd-
nuss- oder Sonnenblumenöl

250 g Mie-Nudeln
(asiatische Instant-Nudeln
ohne Ei)

180 g abgetropfte Bambus-
schösslinge in Streifen
(aus dem Glas)

2–3 EL Gemüsebrühe

1 Msp. gemahlener Ingwer

gemahlener Pfeffer

1–2 EL Zitronensaft

3–4 Stängel Koriander

**Zubereitungszeit: 30 Minuten,
ohne Marinierzeit**

1_ Tofu in etwa 1 ½ cm dicke Scheiben schneiden. 3 Esslöffel von der Sojasauce mit Essig, Honig und 1 Esslöffel von dem Sesamöl verrühren. Tofuscheiben darin etwa 20 Minuten marinieren, dabei zwischendurch 2–3-mal wenden.

2_ In der Zwischenzeit Chinakohl putzen, halbieren und den Strunk herausschneiden. Chinakohl abspülen, abtropfen lassen und in feine Streifen schneiden. Möhren putzen, schälen, abspülen und abtropfen lassen. Möhren in schräge Scheiben schneiden.

3_ Frühlingszwiebeln putzen, abspülen, abtropfen lassen und in 3 cm lange Scheiben schneiden. Chilischote längs aufschneiden, entkernen und die Scheidewände herausschneiden. Schote abspülen, trocken tupfen und in schmale Streifen schneiden.

4_ Das Speiseöl mit dem restlichen Sesamöl in einem Wok oder einer großen Pfanne erhitzen. Die Tofuscheiben aus der Marinade nehmen und abtropfen lassen. Die Marinade beiseitestellen. Die Tofuscheiben von jeder Seite bei mittlerer bis großer Hitze 3–4 Minuten goldbraun anbraten, herausnehmen und warm stellen.

5_ In der Zwischenzeit die Nudeln nach Packungsanweisung zubereiten. Nudeln abtropfen lassen.

6_ Chinakohlstreifen, Möhrenscheiben, Frühlingszwiebelscheiben und Chilistreifen in die Pfanne geben und in dem verbliebenen heißen Bratöl unter gelegentlichem Rühren bei mittlerer bis starker Hitze in etwa 4 Minuten bissfest garen.

7_ Die Bambusstreifen hinzufügen und das Gemüse 2–3 Minuten unter gelegentlichem Rühren weitergaren lassen.

8_ Die Gemüsebrühe mit der beiseitegestellten Marinade hinzugießen. Alles einmal aufkochen lassen und 3–4 Minuten garen, bis die Flüssigkeit fast vollständig verdampft ist. Das Asia-Gemüse mit Ingwer, Pfeffer, Zitronensaft und der restlichen Sojasauce abschmecken. Die Tofuscheiben zugeben und kurz darauf erwärmen.

9_ Vor dem Servieren Koriander abspülen, trocken tupfen und die Blättchen von den Stängeln zupfen. Blättchen grob hacken und unter das Gemüse mischen. Tofuscheiben mit dem bunten Asia-Gemüse und den abgetropften Nudeln servieren.

Pro Portion: E: 21 g, F: 12 g, Kh: 49 g, kJ: 1655, kcal: 395, BE: 4,0

Pfannengerührtes Gemüse

4 Portionen – schnell

200 g Hokkaido-Kürbis

225 g Aubergine

175 g Frühlingszwiebeln

175 g Pak-Choi-Stauden
(Chinesischer Senfkohl)

4 Knoblauchzehen

5 EL Sonnenblumenöl

40 g geröstete, gesalzene
Cashewkerne

6 Stängel Koriander

4 Minzeblätter

4 große Basilikumblätter

150 ml Gemüsebrühe

4 EL Sojasauce

Zubereitungszeit: **35 Minuten**

1_ Kürbis abspülen, abtrocknen und halbieren. Kerne und faserigen Innenteil entfernen. Kürbis evtl. schälen und in etwa 3 mm breite Scheiben schneiden. Aubergine abspülen, abtropfen lassen und den Stängelansatz abschneiden. Aubergine längs halbieren und in etwa 2 cm breite Streifen schneiden.

2_ Frühlingszwiebeln putzen, abspülen, abtropfen lassen, längs halbieren und in etwa 6 cm lange Stücke schneiden. Pak Choi putzen und in einzelne Blätter teilen. Die Blätter abspülen und abtropfen lassen.

3_ Knoblauch abziehen und in sehr dünne Scheiben schneiden. 2 Esslöffel Sonnenblumenöl in einer kleinen Pfanne erhitzen. Die Knoblauch-scheiben darin goldgelb rösten und beiseitestellen.

4_ Cashewkerne grob hacken. Kräuter abspülen und trocken tupfen. Die Korianderblätter von den Stängeln zupfen. Die Blätter mit den Minze- und Basilikumblättern grob zerschneiden.

5_ Restliches Sonnenblumenöl in einem Wok oder großen Pfanne erhitzen. Kürbisscheiben, Auberginenstreifen und Frühlingszwiebelstücke darin evtl. in 2 Portionen bei starker Hitze unter Rühren kräftig anbraten.

6_ Etwa ein Drittel der Brühe hinzugießen und diese ganz einkochen lassen. Diesen Vorgang noch zweimal wiederholen bis das Gemüse knackig-bissfest gegart ist. Dabei gelegentlich umrühren und die Sojasauce dazugeben.

7_ Zum Schluss die Pak-Choi-Blätter unterheben und kurz zusammenfallen lassen.

8_ Beiseitegestelltes Öl mit den Knoblauchscheiben unterrühren. Das Gemüse mit Cashewkernen und Kräutern bestreut servieren.

Beilage: Klebreis.

Tipp: Kurkuma schmeckt brennend-würzig und leicht bitter. Oft wird gemahlene Kurkuma zur Herstellung von Gewürzmischungen wie z. B. Currypulvern verwendet. Wegen der stark gelbfärbenden Eigenschaften wird das Gewürz auch Gelbwurz genannt.

Pro Portion: E: 5 g, F: 18 g, Kh: 11 g, kJ: 934, kcal: 223, BE: 0,5

Sushi mit Omelett und Soja-Auberginen

24 Stück – mit Alkohol

300 g Sushireis
450 ml Wasser
1 gestr. TL Salz
4 EL Reisessig
1 TL Zucker
½ TL Salz

4 Eier (Größe M)
2 EL Speiseöl, z. B. Maiskeimöl
1 Aubergine (etwa 225 g)
5 EL Speiseöl, z. B. Maiskeimöl
120 ml Sojasauce
4 EL Wasser
4 EL Mirin
   (japanischer Reiswein)
3 TL Buchweizenkörner
3 Blätter getrocknete Norialgen
   (etwa 20 x 20 cm, erhältlich
   im Asialaden oder in
   Spezialitätenabteilungen
   von Supermärkten)
3–4 Stängel Schnittlauch
4 TL Wasabipaste
100 g eingelegter Ingwer

Zubereitungszeit: **60 Minuten,
ohne Abkühlzeit**
Garzeit: **etwa 30 Minuten**

1_ Den Reis auf ein Sieb geben und so lange unter fließendem kalten Wasser abspülen, bis das Wasser klar abläuft. Den Reis sehr gut abtropfen lassen. Reis mit Wasser und Salz in einen Topf geben, zum Kochen bringen und zugedeckt bei schwacher Hitze etwa 20 Minuten köcheln lassen. Dann den Topf von der Kochstelle nehmen und den Reis noch etwa 10 Minuten ausquellen lassen.

2_ Reisessig erwärmen. Zucker und Salz darin unter Rühren auflösen. Die Mischung locker unter den heißen Reis mischen. Den Reis mit einem feuchten Tuch zudecken und fast ganz erkalten lassen.

3_ In der Zwischenzeit die Eier verschlagen. 1 Esslöffel von dem Speiseöl in einer kleinen beschichteten Pfanne (Ø etwa 18 cm) erhitzen. Die Hälfte der Eiermasse in die Pfanne geben und bei schwacher Hitze stocken lassen. Ein weiteres Omelett auf die gleiche Weise zubereiten.

4_ Aubergine abspülen, den Stängelansatz abschneiden. Aubergine zuerst längs in etwa 2 cm dicke Scheiben schneiden. Dann daraus 6 etwa 20 cm lange und etwa 2 cm breite Streifen schneiden. Speiseöl in einer Pfanne erhitzen. Auberginenstreifen etwa 5 Minuten anbraten. 2 Esslöffel von der Sojasauce mit Wasser und Mirin verrühren. Die Mischung zu den Auberginenstreifen in die Pfanne geben und ganz einkochen lassen. Dabei die Auberginenstreifen einmal wenden.

5_ Die Buchweizenkörner in einer Pfanne ohne Fett goldbraun rösten, herausnehmen und auf einen Teller geben. Die Omeletts einmal halbieren.

6_ Ein Noriblatt auf eine Sushimatte legen. Ein Drittel der Reismasse etwa ½ cm dick so darauf verteilen, dass rundherum ein etwa 1 cm breiter Rand frei bleibt. Dabei die Hände immer wieder mit Wasser befeuchten, damit der Reis nicht so klebt.

7_ Eine Omeletthälfte so auf den Reis legen, dass oben und unten etwa 1 cm Reis unbelegt bleibt. Auf das untere Drittel nun 2 Auberginenstreifen legen und mit einem Drittel des Buchweizens bestreuen. Das Ganze mithilfe der Sushimatte zu einer festen Rolle aufrollen. Aus den restlichen Zutaten 2 weitere Sushirollen auf die gleiche Weise zubereiten.

8_ Jede Rolle mit einem in kaltes Wasser getauchten, scharfen Messer in 8 Stücke schneiden. Schnittlauch abspülen, trocken tupfen und in etwa in 2 ½ cm lange, schräge Stücke schneiden. Auf jedes Sushi ein Schnittlauchstück legen. Sushi mit restlicher Sojasauce, Wasabipaste und dem eingelegtem Ingwer servieren.

Pro Stück: E: 3 g, F: 4 g, Kh: 14 g, kJ: 445, kcal: 106, BE: 1,0

Frühjahrs-Kimtschi

4 Portionen – Beilage nach koreanischer Art – Foto

125 g Möhren

200 g Rettich

200 g Chinakohl

75 g Frühlingszwiebeln

1 rote Peperoni (etwa 15 g)

1 Knoblauchzehe

15 g Ingwer

1 gestr. TL Salz

2 EL Paprikapulver rosenscharf
   oder edelsüß nach Geschmack

Zubereitungszeit: **20 Minuten,
ohne Durchziehzeit**

1_ Möhren und Rettich putzen, schälen, abspülen und abtropfen lassen. Chinakohl putzen. Den Kohl vierteln, den Strunk herausschneiden. Kohl abspülen, abtropfen lassen und in feine, kurze Streifen schneiden. Frühlingszwiebeln putzen, abspülen und abtropfen lassen, das dunkle Grün abschneiden. Möhren, Rettich, Chinakohl und Frühlingszwiebeln (nur das Weiße) in etwa 1 cm breite Stücke schneiden.

2_ Peperoni halbieren, entstielen, entkernen, abspülen und abtropfen lassen. Die Peperoni in dünne Streifen schneiden. Knoblauch abziehen. Ingwer schälen. Knoblauch und Ingwer grob hacken.

3_ Die Gemüsestücke mit Peperoni, Knoblauch und Ingwer in einer Küchenmaschine mit dem Schneidmesser in kleine Stücke hacken. Die Mischung dann mit dem Salz und Paprikapulver in einer Schüssel (am besten Porzellan oder Steingut) mischen und zugedeckt 2–3 Tage im Gemüsefach des Kühlschrankes durchziehen lassen.

Tipp: Das eingelegte Gemüse z. B. zu Tofugerichten servieren.

Pro Portion: E: 2 g, F: 1 g, Kh: 7 g, kJ: 187, kcal: 45, BE: 0,5

Roti (Indisches Fladenbrot aus der Pfanne)

4 Portionen – einfach

50 g Zwiebeln

½ grüne Chilischote

200 g Weizenmehl

75 g Kokosraspel

½ TL Salz

150 ml lauwarmes Wasser

8 EL Speiseöl,
   z. B. Sonnenblumenöl

Zubereitungszeit: **40 Minuten**

1_ Zwiebeln abziehen und fein würfeln. Chilischotenhälfte entstielen, entkernen, abspülen, abtropfen lassen und fein würfeln. Mehl mit Kokosraspeln und Salz mischen. Zwiebel- und Chiliwürfel hinzugeben, alles nach und nach mit dem Wasser verkneten.

2_ Den Teig in 4 Portionen teilen und jeweils zu einer Kugel formen. 1 Esslöffel des Speiseöls in einer Pfanne (Ø etwa 18 cm) bei mittlerer Hitze erhitzen. 1 Teigkugel in die Pfanne geben und mit einem Löffel zu einem etwa ½ cm dicken Fladen drücken.

3_ Den Fladen von jeder Seite 4–5 Minuten hellbraun braten, dabei vor dem Wenden noch 1 Esslöffel Speiseöl in die Pfanne geben. Auf die gleiche Weise noch 3 weitere Fladenbrote zubereiten.

Tipp: Die Fladenbrote schmecken warm und kalt.

Pro Stück: E: 7 g, F: 33 g, Kh: 38 g, kJ: 1977, kcal: 472, BE: 3,0

Bananen in Honig-Zitrus-Sauce

4 Portionen – süßer Genuss

2 EL Sesamsamen (geschält)

3 EL Pistazienkerne

6 getrocknete Datteln
(ohne Stein)

1–2 Bio-Orangen

2 EL Zitronensaft

100 g flüssiger Akazienhonig

1 TL gemahlener Zimt

4 Scheiben Rosinen-Stuten
(etwa 200 g)

6 Bananen
(je etwa 150 g)

Zubereitungszeit: **20 Minuten**

1_ Sesamsamen in einer Pfanne ohne Fett unter Wenden goldbraun rösten, herausnehmen und auf einen Teller geben. Pistazienkerne grob hacken. Datteln in kleine Würfel schneiden.

2_ Orangen heiß abwaschen und abtrocknen. Etwa 1 Esslöffel Orangen-zesten von der Schale abziehen. Die Orangen halbieren, den Saft auspressen und etwa 75 ml davon abmessen.

3_ Orangenzesten mit Orangen-, Zitronensaft, Honig, Pistazienkernen, Dattelwürfeln und Zimt in einem Topf vermischen. Die Honigsauce bei schwacher Hitze langsam erhitzen.

4_ Die Rosinen-Stuten-Scheiben goldbraun toasten und in Streifen schneiden.

5_ Die Bananen schälen, längs halbieren und jeweils 3 Bananenhälften auf einem Teller anrichten. Die Bananenhälften mit der heißen Honig-sauce beträufeln und mit gerösteten Sesamsamen bestreut servieren. Die Rosinen-Stuten-Streifen dazureichen.

Tipp: Wenn Sie keine Bio-Orangen bekommen, können Sie etwa 1 Teelöffel Dr. Oetker Finesse Orangenschalen-Aroma und 75 ml Orangensaft (Fertigprodukt) für die Sauce verwenden. Zusätzliche Granatapfelkerne geben diesem Salat noch einen Farbtupfer und runden ihn süß-säuerlich ab.

Pro Portion: E: 9 g, F: 15 g, Kh: 86 g, kJ: 2187, kcal: 523, BE: 7,0

Ananas im Backteig
4 Portionen – für Gäste

1 Bio-Limette

175 g flüssiger Honig

500 g frische Ananas

125 g Weizenmehl

40 g Speisestärke

1 gestr. TL Dr. Oetker Backin

1 Ei (Größe M)

1 EL Zucker

150 ml Sojamilch (natur)

Zum Frittieren:

etwa 1 l Speiseöl, z. B.
    Sonnenblumenöl

2 EL Kokosraspel

Zubereitungszeit: **30 Minuten**

1_ Die Limette heiß abwaschen und abtrocknen. Die Schale der Limette mit einem Zestenreißer in Zesten reißen. Limette halbieren und 3 Esslöffel Saft auspressen. Limettenzesten und -saft mit dem Honig verrühren.

2_ Ananas in etwa 3 x 6 cm große Stücke schneiden.

3_ Für den Ausbackteig das Mehl mit Speisestärke und Backpulver in einer Rührschüssel vermischen. Ei, Zucker und Sojamilch hinzugeben und alles zu einem glatten Teig rühren.

4_ Das Sonnenblumenöl in einem tiefen Topf auf etwa 175 °C erhitzen. Ananasstücke mithilfe einer Gabel in den Ausbackteig tauchen, kurz abtropfen lassen und portionsweise schwimmend in dem heißen Öl goldbraun ausbacken.

5_ Danach die Ananasstücke mit einer Schaumkelle herausnehmen und kurz auf Küchenpapier abtropfen lassen.

6_ Ananas im Backteig mit dem Limettenhonig beträufeln und mit Kokosraspeln bestreut heiß servieren.

Tipp: Zum Frittieren ist neutrales Speiseöl, welches eine große Hitzestabilität hat, wie z.B. Sonnenblumenöl oder Sojaöl, aber auch festes Pflanzenfett, wie z.B. Kokosfett, geeignet. Der Wok oder der Topf sollten zu etwa zwei Dritteln mit dem Frittierfett gefüllt sein, sodass die Frittierstücke gut darin schwimmen können. Die optimale Frittiertemperatur beträgt in etwa 175 °C. Diese ist erreicht, wenn sich um einen in das heiße Fett gehaltenen Holzlöffel Bläschen bilden.

Pro Portion: E: 5 g, F: 22 g, Kh: 62 g, kJ: 1979, kcal: 473, BE: 5,0

Mangogelee in Zitronen-Sternanis-Zuckersirup

4 Portionen – mit Alkohol

1–2 Mangos (etwa 400 g,
  reifes Fruchtfleisch)

3 EL Zitronensaft

6 Blatt weiße Gelatine

125 ml Sojamilch (natur)

100 g Zucker

Für den Sirup:

100 ml Pflaumenwein

6 EL Zitronensaft

275 ml Wasser

4 Sternanis

Zubereitungszeit: **40 Minuten,
ohne Kühlzeit**

1_ Die Mangos halbieren. Das Fruchtfleisch vom Stein schneiden und schälen. Fruchtfleisch grob würfeln. Mango mit Zitronensaft so fein wie möglich pürieren.

2_ Gelatine nach Packungsanleitung einweichen. Die Sojamilch mit 2 Esslöffeln Zucker in einem kleinen Topf verrühren und bei schwacher Hitze erwärmen. Den Topf von der Kochstelle nehmen. Die Gelatine leicht ausdrücken und unter Rühren in der Sojamilch auflösen.

3_ Die aufgelöste Gelatine zuerst mit etwa 4 Esslöffeln von dem Mangopüree verrühren, dann unter das restliche Mangopüree rühren.

4_ Eine kleine Auflaufform (etwa 22 x 15 cm) glatt mit Frischhaltefolie auslegen und das Püree hineinfüllen. Die Auflaufform zugedeckt etwa 6 Stunden in den Kühlschrank stellen und das Püree fest werden lassen.

5_ Für den Sirup in der Zwischenzeit Pflaumenwein mit restlichem Zucker und Zitronensaft, Wasser und Sternanis in einem Topf verrühren, kurz aufkochen lassen und etwa 5 Minuten köcheln lassen. Den Topf von der Kochstelle nehmen. Den Sirup erkalten lassen und zugedeckt in den Kühlschrank stellen.

6_ Das Püree mit der Frischhaltefolie aus der Form stürzen und die Folie entfernen. Das Mangogelee mit einem Messer in 3–4 cm große Rauten schneiden, in Dessertschüsseln verteilen und mit dem Sirup auffüllen.

Tipp: Gelatineblätter einzeln in kaltes Wasser legen und etwa 5 Minuten quellen lassen. Danach herausnehmen, leicht ausdrücken und tropfnass in die Sojamilch geben.

Pro Portion: E: 4 g, F: 1 g, Kh: 41 g, kJ: 934, kcal: 223, BE: 3,5

Kokosklebreis mit Banane

4–6 Portionen – süßer Genuss

250 g Klebreis
325 ml ungesüßte Kokosmilch
1 gestr. TL Salz
75 g Zucker
2 EL geschälte Sesamsamen
350 g Bananen
2 EL Limettensaft
1 Bio-Limette

Zubereitungszeit: **25 Minuten, ohne Einweich- und Abkühlzeit**
Garzeit: **etwa 20 Minuten**

1_ Den Klebreis über Nacht in reichlich kaltem Wasser einweichen. Danach den Reis auf ein Sieb geben, mit kaltem Wasser abspülen und gut abtropfen lassen. Den Reis am besten in einen beschichteten Topf oder eine beschichtete Pfanne geben. Kokosmilch, Salz und Zucker dazugeben und unterrühren. Den Reis zugedeckt bei schwacher Hitze zum Köcheln bringen und zugedeckt weitere etwa 20 Minuten garen.

2_ Den Reis erkalten lassen. Sesamsamen in einer Pfanne ohne Fett unter Wenden goldbraun rösten. Bananen schälen, in dünne Scheiben schneiden und mit dem Limettensaft mischen.

3_ Den Reis halbieren. Die eine Hälfte auf eine Sushimatte (ersatzweise Frischhaltefolie) geben, gleichmäßig rechteckig (etwa 23 x 19 cm) ausbreiten und leicht andrücken. Die Hälfte der Bananenscheiben der Länge nach auf die Mitte vom Reis legen. Die Matte von beiden Seiten so über der Banane zusammenführen, dass eine „dreieckige" Rolle entsteht, fest andrücken.

4_ Die andere Reishälfte mit den Bananenscheiben auf die gleiche Weise zubereiten.

5_ Die Rollen mit einem scharfen Messer in etwa 3 cm dicke Scheiben schneiden. Die Limette mit heißem Wasser abspülen, abtrocknen und vierteln oder sechsteln. Die Kokosklebreisscheiben mit Sesam bestreuen und mit den Limettenspalten garniert servieren.

Tipp: Eine Sushi- oder Bambusmatte eignet sich besonders gut zur Herstellung dieses Desserts, aber auch für die klassische Art der Sushizubereitung, weil die Matte besonders flexibel ist und trotzdem eine hohe Stabilität aufweist. Reis und Füllung können so gut in Form gebracht werden.

Pro Portion: E: 5 g, F: 14 g, Kh: 66 g, kJ: 1725, kcal: 414, BE: 5,5

Frittierte Feigenröllchen

4 Portionen – süßer Snack

Für die Füllung:

250 g getrocknete Feigen

200 ml Wasser

1–2 EL Zitronensaft

1–2 EL Orangenblütenwasser
(erhältlich in der Apotheke)

12 dreieckige Yufkateigblätter

heißes Wasser

Zum Frittieren:

1 l Speiseöl,
z. B. Sonnenblumenöl

300 g Joghurt (3,5 % Fett)

25 g gehackte Pistazienkerne

Zubereitungszeit: **30 Minuten,
ohne Abkühlzeit**

1_ Für die Füllung die Feigen entstielen und in Streifen schneiden. Feigenstreifen mit Wasser und Zitronensaft in einem kleinen Topf zum Kochen bringen. Die Feigenstreifen bei schwacher Hitze so lange kochen lassen, bis die Flüssigkeit verdampft ist. Mit Orangenblütenwasser abschmecken. Die Feigenmasse abkühlen lassen und in 12 Portionen teilen.

2_ Ein Teigblatt mit der kurzen Seite nach unten auf eine Arbeitsfläche legen. 1 Portion der Feigenmasse an die untere Teigkante legen. Den restlichen Teig um die Füllung herum dünn mit heißem Wasser bestreichen. Die Seiten nach innen klappen und ebenfalls bestreichen. Feigenmasse einrollen. Die restlichen Teigblätter auf die gleiche Weise zubereiten.

3_ Das Speiseöl in einem großen Topf oder in einer Fritteuse auf etwa 175 °C erhitzen und die Feigenröllchen darin portionsweise unter Wenden goldbraun frittieren.

4_ Die Feigenröllchen jeweils mit einer Schaumkelle herausnehmen, auf einen mit Küchenpapier belegten Kuchenrost legen und abtropfen lassen.

5_ Die Feigenröllchen warm mit Joghurt und Pistazienkernen servieren.

Tipp: Die gefüllten Röllchen vor dem Frittieren mit verschlagenem Eiweiß bestreichen und in geschältem Sesamsamen wälzen.

Pro Portion: E: 10 g, F: 15 g, Kh: 66 g, kJ: 1884, kcal: 450, BE: 5,5

Abkürzungen und Hinweise

Abkürzungen

EL	=	Esslöffel
TL	=	Teelöffel
Msp.	=	Messerspitze
Pck.	=	Packung/Päckchen
g	=	Gramm
kg	=	Kilogramm
ml	=	Milliliter
l	=	Liter
evtl.	=	eventuell
geh.	=	gehäuft
gestr.	=	gestrichen
TK	=	Tiefkühlprodukt
°C	=	Grad Celsius
Ø	=	Durchmesser

Kalorien-/Nährwertangaben

E	=	Eiweiß
F	=	Fett
Kh	=	Kohlenhydrate
kJ	=	Kilojoule
kcal	=	Kilokalorie
BE	=	Broteinheiten

Bei den Nährwertangaben in den Rezepten handelt es sich um auf- bzw. abgerundete ganze Werte. Lediglich die Broteinheiten werden mit einer Stelle nach dem Komma angegeben.

Aufgrund von ständigen Rohstoffschwankungen und/oder Rezepturveränderungen bei Lebensmitteln, kann es zu Abweichungen kommen. Die Nährwertangaben dienen daher lediglich Ihrer Orientierung und eignen sich nur bedingt für die Berechnung eines Diätplans, zum Beispiel bei Krankheiten wie Diabetes.

Bei krankheitsbedingten Diäten richten Sie sich daher bitte nach den Anweisungen Ihres Diätassistenten bzw. Ihres Arztes.

Hinweise zu den Rezepten

Lesen Sie bitte vor der Zubereitung – besser noch vor dem Einkauf – das Rezept einmal vollständig durch. Oft werden Arbeitsabläufe oder -zusammenhänge dann klarer.

Zutatenliste

Die Zutaten sind in der Reihenfolge ihrer Bearbeitung angegeben.

Arbeitsschritte

Die Arbeitsschritte sind einzeln hervorgehoben, in der Reihenfolge, in der sie von uns ausprobiert wurden.

Backofeneinstellung

Die in den Rezepten angegebenen Gartemperaturen und -zeiten sind Richtwerte, die je nach individueller Hitzeleistung Ihres Backofens über- oder unterschritten werden können. Bitte beachten Sie deshalb bei der Einstellung des Backofens die Gebrauchsanleitung des Herstellers.

Die Temperaturangaben in diesem Buch beziehen sich auf Elektrobacköfen. Die Temperatureinstellungsmöglichkeiten für Gasbacköfen variieren je nach Hersteller, sodass wir keine allgemeingültigen Angaben machen können.

Zubereitungszeiten

Die Zubereitungszeit ist ein Anhaltswert für die Zeit der Vorbereitung und der eigentlichen Zubereitung. Garzeiten, die nicht in diese Zeit fallen, sind gesondert ausgewiesen. Längere Wartezeiten wie z. B. Kühl- und Auftauzeiten sind nicht mit einbezogen.

Kapitelregister

MIX
Papier aus verantwor-
tungsvollen Quellen
FSC
www.fsc.org   FSC® C012425

Verlagsgruppe Random House FSC-DEU-0100
Das für dieses Buch verwendete
FSC®-zertifizierte Papier *Hello Fat Matt*
liefert Condat, Le Lardin Saint-Lazare, Frankreich.

Hinweis Wenn Sie Anregungen, Vorschläge oder Fragen zu unseren Büchern haben, dann schreiben Sie uns:
Dr. Oetker Verlag KG, Am Bach 11, 33602 Bielefeld oder besuchen Sie uns im Internet unter www.oetker-verlag.de oder www.oetker.de

Copyright © 2012 by Dr. Oetker Verlag KG, Bielefeld

Taschenbucherstausgabe 9/2012

Genehmigte Lizenzausgabe für den Wilhelm Heyne Verlag, München, in der Verlagsgruppe Random House GmbH
www.heyne.de
Printed in Germany 2012

Redaktion Jasmin Gromzik, Miriam Krampitz

Titelfoto Hans-Joachim Schmidt, Hamburg

Innenfotos Walter Cimbal, Hamburg (S. 33, 45, 53, 77, 79)
Fotostudio Diercks (Kai Boxhammer, Thomas Diercks, Christiane Krüger), Hamburg (S. 7, 27, 55, 73, 75, 81, 89, 91, 93, 95, 97, 105, 111, 113, 117, 119, 121, 127, 131, 137, 141)
Bernd Lippert (S. 17, 39, 43, 57)
Janne Peters, Hamburg (S. 9, 11, 13, 15, 31, 35, 37, 47, 49, 61, 67, 69, 83, 87, 123, 125, 129, 133, 135, 143, 145, 147, 149, 151, 153, 155)
Antje Plewinski, Berlin (S. 41, 59, 63, 65, 71, 85, 99, 101, 107, 139)
Hans-Joachim Schmidt, Hamburg (S. 19, 23, 25, 51, 157)
Winkler Studios, Bremen (S. 115)
Brigitte Wegner, Bielefeld (S. 21, 29, 103, 109)

Grafisches Konzept kontur:design GmbH, Bielefeld
Umschlaggestaltung kontur:design GmbH, Bielefeld
Satz und Gestaltung M·D·H Haselhorst, Bielefeld

Druck und Bindung Offizin Andersen Nexö, Leipzig

ISBN: 978-3-453-85583-0